© 2009 Éditions Mango
Tous droits de traduction, de reproduction et
d'adaptation strictement réservés pour tous pays.
www.editions-mango.com

Isabel Brancq-Lepage

Craquez pour les crèmes maison !

30 recettes de crèmes et panna cotta

Photos : Gwenaël Quantin

MANGO

Sommaire

4
Préface

6
Crème aux fruits rouges

8
Panna cotta façon cheesecake

10
Panna cotta nougat-nougatine

12
Crème pralinée à la crème de marrons

14
Sucettes de panna cotta chocolat-coco

16
Crème au miel et pignons de pin

18
Panna cotta à la vanille, banane caramélisée et coulis de mangue

20
Crème onctueuse aux pommes, sirop d'érable et petits-beurre

22
Panna cotta light à la vanille, kiwi et fruits secs

24
Crème dessert au Carambar®

26
Panna cotta de Pâques

28
Crème façon Ti' punch

30
Panna cotta mousseuse au lait de coco et ananas caramélisé

32
Crème onctueuse à la menthe et melon frais

34 Crème à la pistache, framboise et nougat

36 Crème onctueuse raisin-cannelle et rhubarbe poêlée

38 Cuillères au chocolat pour café gourmand

40 Panna cotta au caramel et meringue

42 Crème au café, éclats de noisettes, brownies et chantilly

44 Crème chocolat noir-amandes

46 Crème à la vanille, marshmallows et framboises

48 Panna cotta crème de marrons-Nutella®

50 Crème au caramel, crème au sarrasin et pommes poêlées

52 Panna cotta à la pistache, fraises Tagada® et crêpe croustillante

54 Panna cotta romarin-abricots secs

56 Panna cotta light aux fruits de la passion et purée de kiwis

58 Crème façon piña colada

60 Crème au citron, miel et gingembre

62 Panna cotta façon bûche de Noël

64 Panna cotta au Bailey's® et dattes

Préface

Certains mots ont le pouvoir d'attiser ma gourmandise… Les « crèmes maison » en font partie !

Voici de délicieuses recettes de crèmes dessert et panna cotta faciles et économiques, de véritables « petits moments de bonheur », qui régaleront toute la famille.

Crème fraîche, lait, jus de fruits, jaunes d'œufs, gélatine ou agar-agar, farines diverses : des ingrédients de base tout simples, que vous parfumerez tantôt au chocolat, tantôt au caramel, à la vanille, aux fruits rouges… sans oublier la touche personnelle pour des desserts encore plus gourmands et originaux.

Et pour rendre vos crèmes encore plus appétissantes, présentez-les dans des ramequins, des verrines ou de jolies cuillères !

À vous de jouer…

Isabel Brancq-Lepage
www.mespetitesrecettesfaciles.typepad.com

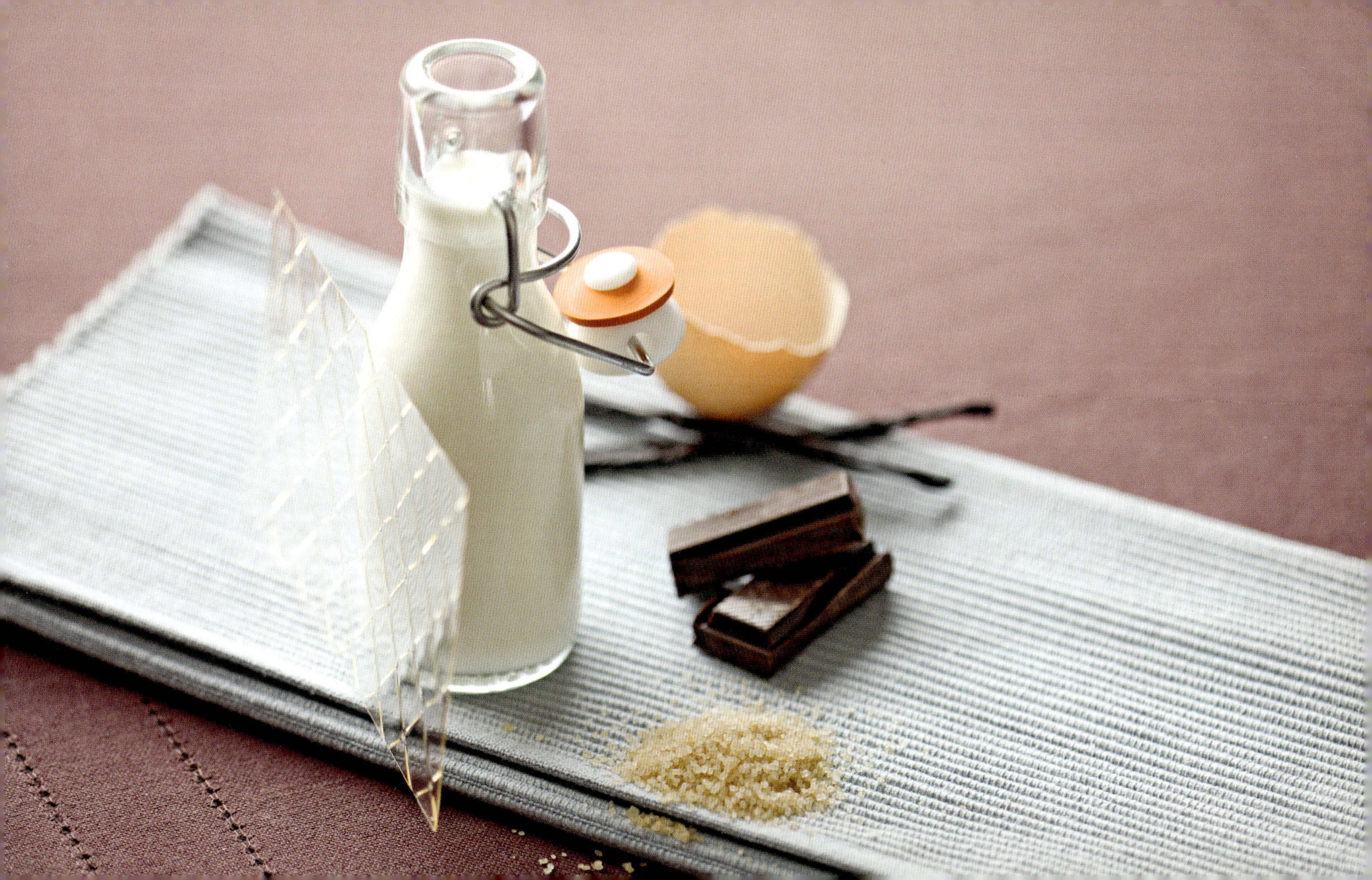

Crème aux fruits rouges

Préparation
20 minutes
+ 2 heures au réfrigérateur

Cuisson
5 minutes

Ingrédients pour 4 personnes
200 g de fruits rouges
(fraises, framboises, groseilles)
2 jaunes d'œufs
30 g de sucre semoule
30 g de Maïzena®
25 cl de jus de fruits rouges
(de type cerise bio sans sucre)
30 g de beurre

Pour la déco :
2 cuillerées à soupe
de sucre coloré

- Rincez rapidement les fruits sous un filet d'eau froide. Équeutez et coupez les fraises en petits dés.
- Dans un saladier, fouettez vivement les jaunes d'œufs avec le sucre jusqu'à ce que le mélange blanchisse. Ajoutez la Maïzena®, 10 cl d'eau et le jus de fruits. Mélangez le tout.
- Transvasez la préparation dans une casserole et faites cuire, sur feu doux, 5 minutes environ jusqu'à ce que la crème devienne onctueuse et épaisse, en mélangeant au fouet.
- Hors du feu, ajoutez le beurre coupé en morceaux et mélangez.
- Répartissez quelques fruits rouges dans le fond de 4 verrines et versez la crème par-dessus. Laissez refroidir. Filmez et réservez 2 heures au frais.
- Au moment de servir, décorez les crèmes avec le reste de fruits rouges et saupoudrez de sucre coloré.

Bon à savoir !
Vous pouvez compléter la décoration avec quelques fruits secs concassés (pistaches, amandes, noisettes), un coulis de fruits ou une chantilly. Pensez aux jus de fruits bio et du commerce équitable qui sont excellents.

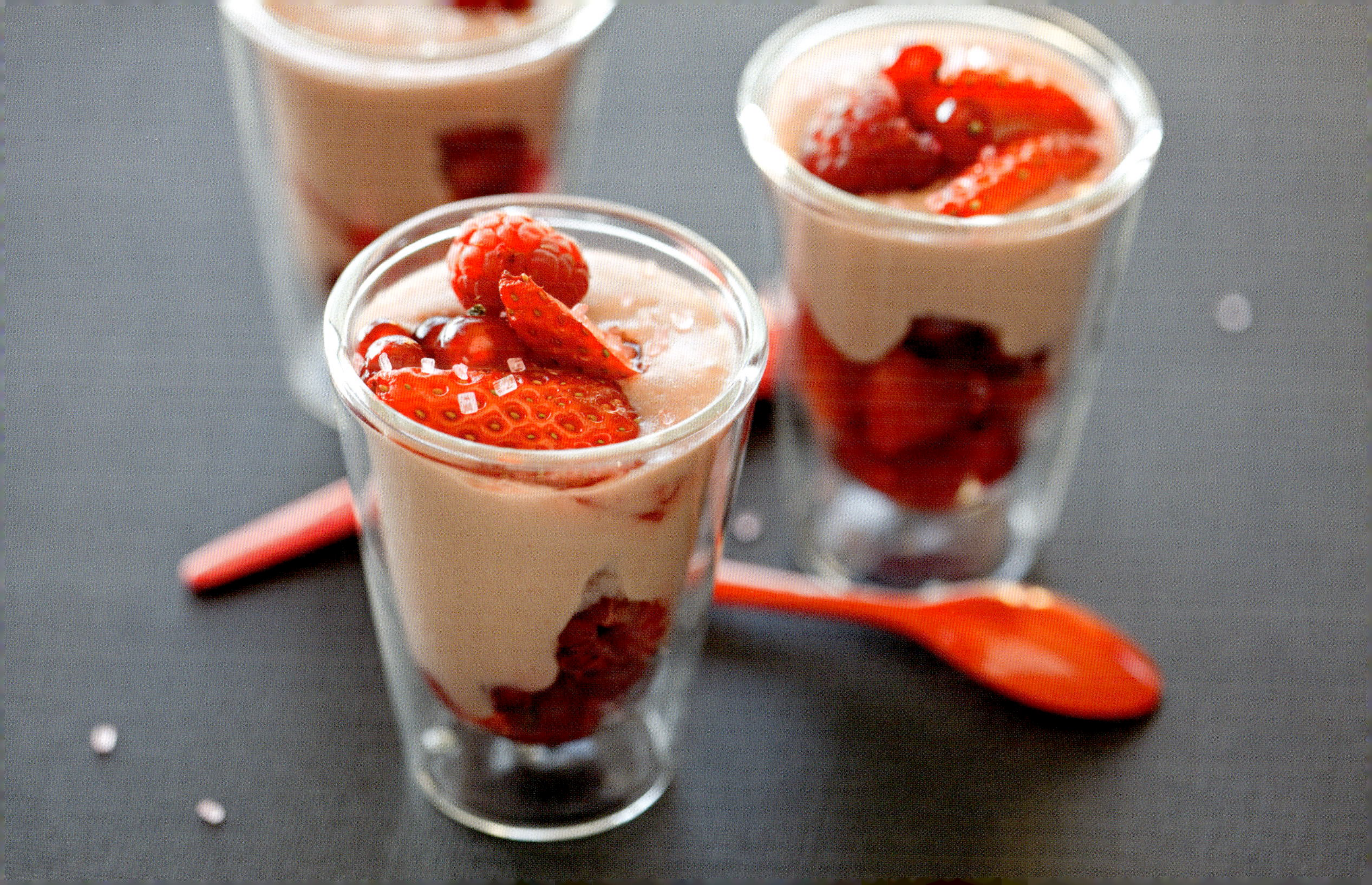

Panna cotta façon cheesecake

Préparation
15 minutes
+ 2 h 30 au réfrigérateur

Cuisson
5 minutes

Ingrédients pour 4 personnes
20 cl de lait de brebis, de soja
ou de vache
2 yaourts nature de brebis
ou de vache
40 g de sucre semoule
12 spéculos ou autres biscuits
5 cl de jus de citron
10 g d'écorces de citron non traité
Quelques zestes de citron
pour la décoration
2 feuilles de gélatine

/ Faites ramollir la gélatine dans un bol d'eau froide (pendant 10 minutes environ).
/ Dans un saladier, mélangez les yaourts avec le jus de citron et le sucre.
/ Dans une casserole faites chauffer, sur feu doux, le lait avec les écorces de citron pendant 3 à 4 minutes.
/ Ajoutez la gélatine essorée dans le lait bien chaud et remuez jusqu'à complète dissolution.
/ Versez la préparation dans le saladier et mélangez. Selon votre goût, laissez ou non les écorces de citron.
/ Répartissez des morceaux de spéculos dans le fond de 4 ramequins. Recouvrez de panna cotta et attendez 15 minutes (le temps qu'elle se fige légèrement) avant de verser le reste. Laissez refroidir. Filmez et réservez 2 heures 30 au frais.
/ Au moment de servir, décorez les ramequins de zestes de citron.

Bon à savoir !
*N'hésitez pas à réaliser cette recette avec d'autres agrumes : citron vert, pamplemousse, orange.
La panna cotta peut être préparée la veille et conservée au réfrigérateur.
La gélatine peut être remplacée par 2 g d'agar-agar (1 cuillerée à café rase) mélangé au lait froid avant de le faire chauffer.*

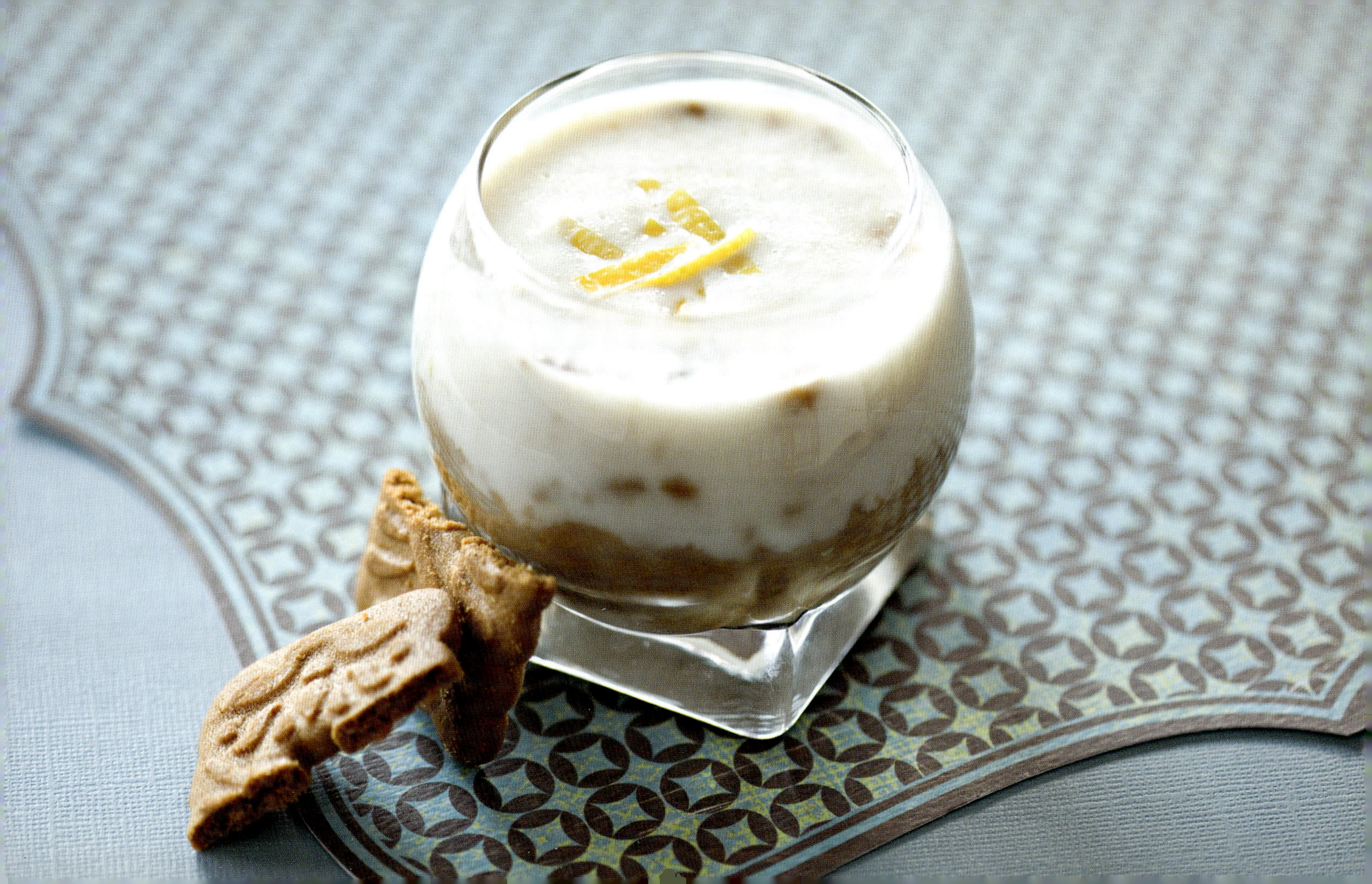

Panna cotta nougat-nougatine

Préparation
15 minutes
+ 2 h 30 au réfrigérateur

Cuisson
15 minutes

Ingrédients pour 4 personnes
30 cl de lait de coco
50 g de nougat blanc en morceaux
50 g de sucre semoule
1 feuille de gélatine

Pour la nougatine :
100 g de mélange de fruits secs
(amandes, noisettes, pignons de pin,
graines de sésame)
50 g de sucre semoule

/ Faites ramollir la gélatine dans un bol d'eau froide (pendant 10 minutes environ).
/ Dans une casserole faites chauffer, sur feu doux, le lait de coco avec les morceaux de nougat et le sucre en remuant.
/ Lorsque le nougat est fondu, ajoutez la gélatine essorée et mélangez jusqu'à complète dissolution.
/ Répartissez la panna cotta dans 4 jolis ramequins et laissez refroidir. Filmez et réservez 2 heures 30 au frais.
/ Préparez la nougatine : versez les fruits secs et le sucre dans une poêle et faites chauffer à feu moyen jusqu'à ce qu'ils soient caramélisés.
/ Dès que le mélange est pris, placez-le sur une assiette et laissez-le refroidir 2 minutes avant de le casser en morceaux.
/ Au moment de servir, décorez les ramequins de morceaux de nougatine.

Bon à savoir !
Vous pouvez remplacer la nougatine par des morceaux de biscuits, des petits dés de fruits frais ou de brioche. Ajoutez ½ feuille de gélatine si vous souhaitez une consistance plus ferme. La gélatine peut être remplacée par 2 g d'agar-agar (1 cuillerée à café rase) mélangé au lait de coco froid avant de faire chauffer.

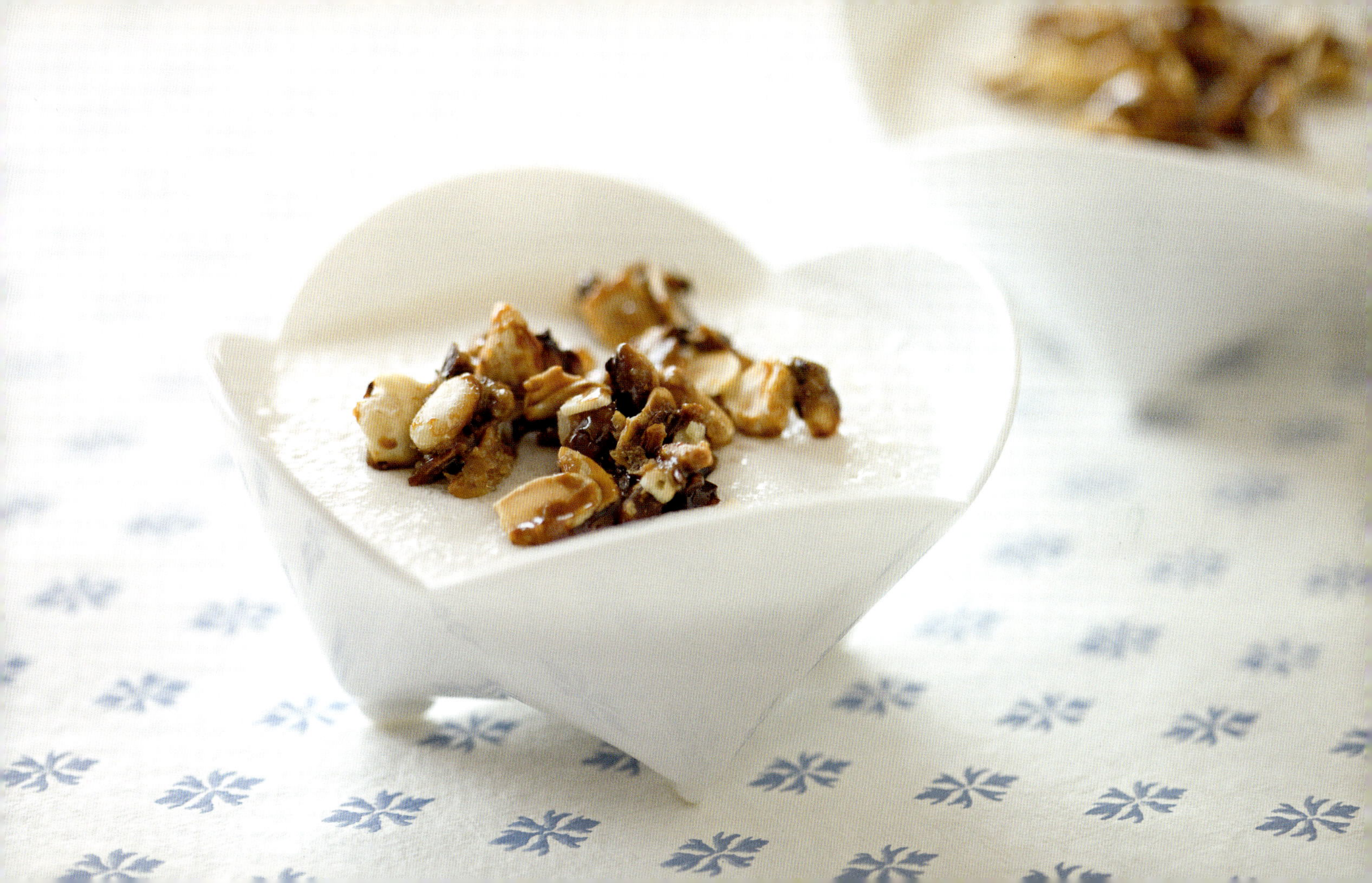

Crème pralinée à la crème de marrons

Préparation
20 minutes
+ 3 heures au réfrigérateur

Cuisson
15 minutes

Ingrédients pour 4 personnes
50 cl de lait bio
40 g de sucre cassonade
20 g de farine de sarrasin
(ou autre farine de votre choix)
80 g de pralin
2 jaunes d'œufs
4 cuillerées à soupe de crème
de marrons
40 g de chocolat noir râpé

/ Dans un saladier, fouettez vivement les jaunes d'œufs avec la cassonade. Incorporez la farine.
/ Dans une casserole, faites bouillir le lait avec le pralin. Versez le mélange dans le saladier en remuant énergiquement.
/ Transvasez la préparation dans la casserole et faites cuire, sur feu moyen, 10 minutes environ jusqu'à ce que la crème épaississe, en mélangeant au fouet.
/ Répartissez la crème dans 4 bols et ajoutez 1 cuillerée à soupe de crème de marrons dans chacun. Filmez et réservez 3 heures au frais.
/ Au moment de servir, décorez le dessus de chocolat râpé.

Bon à savoir !
*Vous pouvez remplacer la crème de marrons par de la pâte à tartiner type Nutella® ou une petite meringue.
À la place du pralin, utilisez de la poudre d'amandes ou de pistaches (80 g), du caramel liquide (50 g), de la liqueur de café (1 petite cuillerée à café) ou un coulis de fruits (10 cl).*

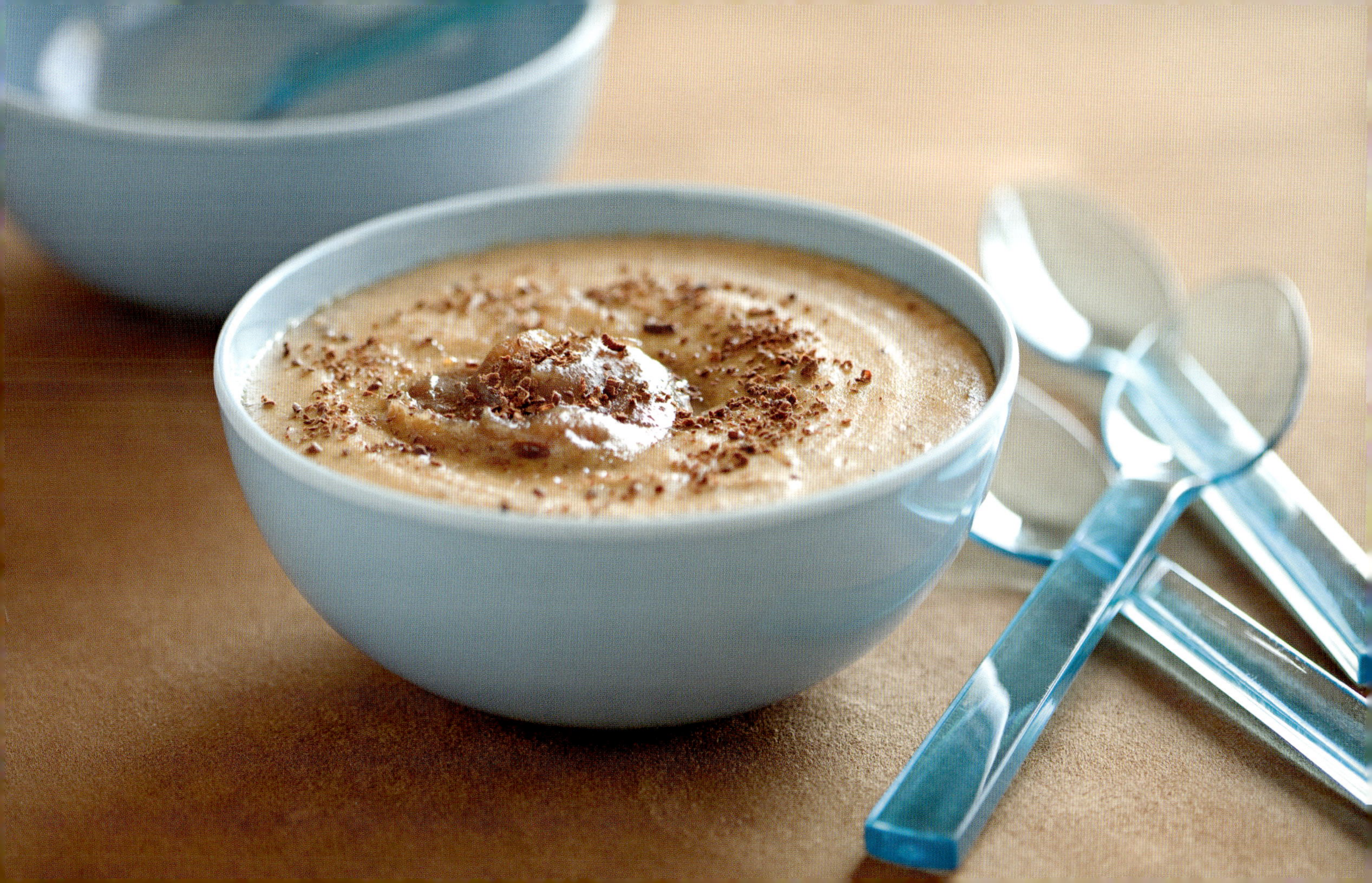

Sucettes de panna cotta chocolat-coco

Préparation
15 minutes
+ 2 heures au réfrigérateur

Cuisson
10 minutes

Ingrédients pour une douzaine de sucettes
30 cl de lait de coco
50 g de chocolat noir
50 g de sucre semoule
50 g de noix de coco râpée
1 bac à glaçons
Bâtonnets à sucettes
1 ½ feuille de gélatine

/ Faites ramollir la gélatine dans un bol d'eau froide (pendant 10 minutes environ).

/ Dans une casserole faites chauffer, sur feu doux, le lait de coco avec le chocolat cassé en morceaux, la noix de coco et le sucre.

/ Lorsque le chocolat est fondu, ajoutez la gélatine essorée et mélangez jusqu'à complète dissolution.

/ Versez la panna cotta dans les alvéoles d'un bac à glaçons. Placez le bac au réfrigérateur et attendez une dizaine de minutes que la préparation soit un peu prise avant de piquer, dans chaque alvéole, 1 bâtonnet à sucette. Réservez 2 heures au frais.

/ Démoulez les sucettes et offrez-les aux gourmands avec le café, pour le goûter ou le thé.

Bon à savoir !
Réalisez des sucettes maison à partir de toutes les recettes de panna cotta de ce livre et régalez-vous ! Vous pouvez conserver ces sucettes 24 heures au réfrigérateur.
La gélatine peut être remplacée par 2 g d'agar-agar (1 cuillerée à café rase) mélangé au lait de coco froid avant de faire chauffer.

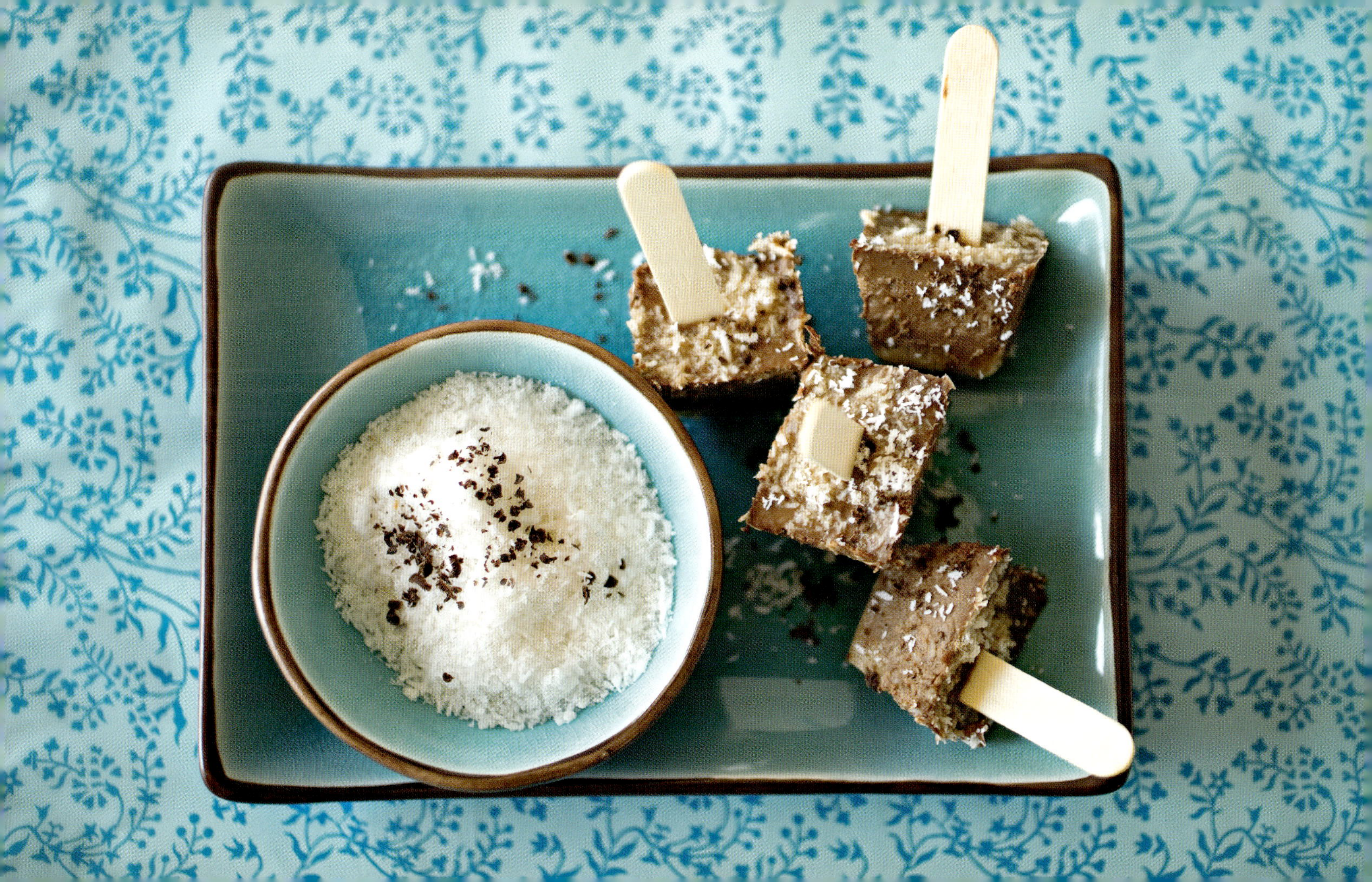

Crème au miel et pignons de pin

Préparation
20 minutes
+ 2 heures au réfrigérateur

Cuisson
10 minutes

Ingrédients pour 4 personnes
50 cl de lait bio
20 g de Maïzena®
50 g de miel liquide
50 g de pignons de pin

/ Dans une casserole, faites chauffer le lait avec le miel, sur feu très doux.
/ Ajoutez la Maïzena®, mélangez bien et faites cuire, sur feu doux, 8 minutes environ jusqu'à ce que la crème épaississe, en remuant au fouet. Portez ensuite doucement à ébullition, toujours en mélangeant, puis ôtez la casserole du feu.
/ Faites griller les pignons de pin dans une poêle, sans matière grasse. Mélangez-les à la crème.
/ Répartissez la crème dans 4 ramequins et laissez refroidir. Filmez et réservez 2 heures au frais.

Bon à savoir !
À partir de cette recette de base, amusez-vous à réaliser diverses crèmes en variant les parfums : vanille (1 gousse), chocolat noir râpé (30 g), cannelle en poudre (1 cuillerée à soupe), caramel liquide (2 cuillerées à soupe), pistaches mixées (40 g)...
Vous pouvez remplacer les pignons de pin par des graines de sésame ou d'autres fruits secs, et la Maïzena® par de la farine complète ou de sarrasin ; le temps de cuisson sera plus long (15 minutes environ) mais le résultat tout aussi bon.

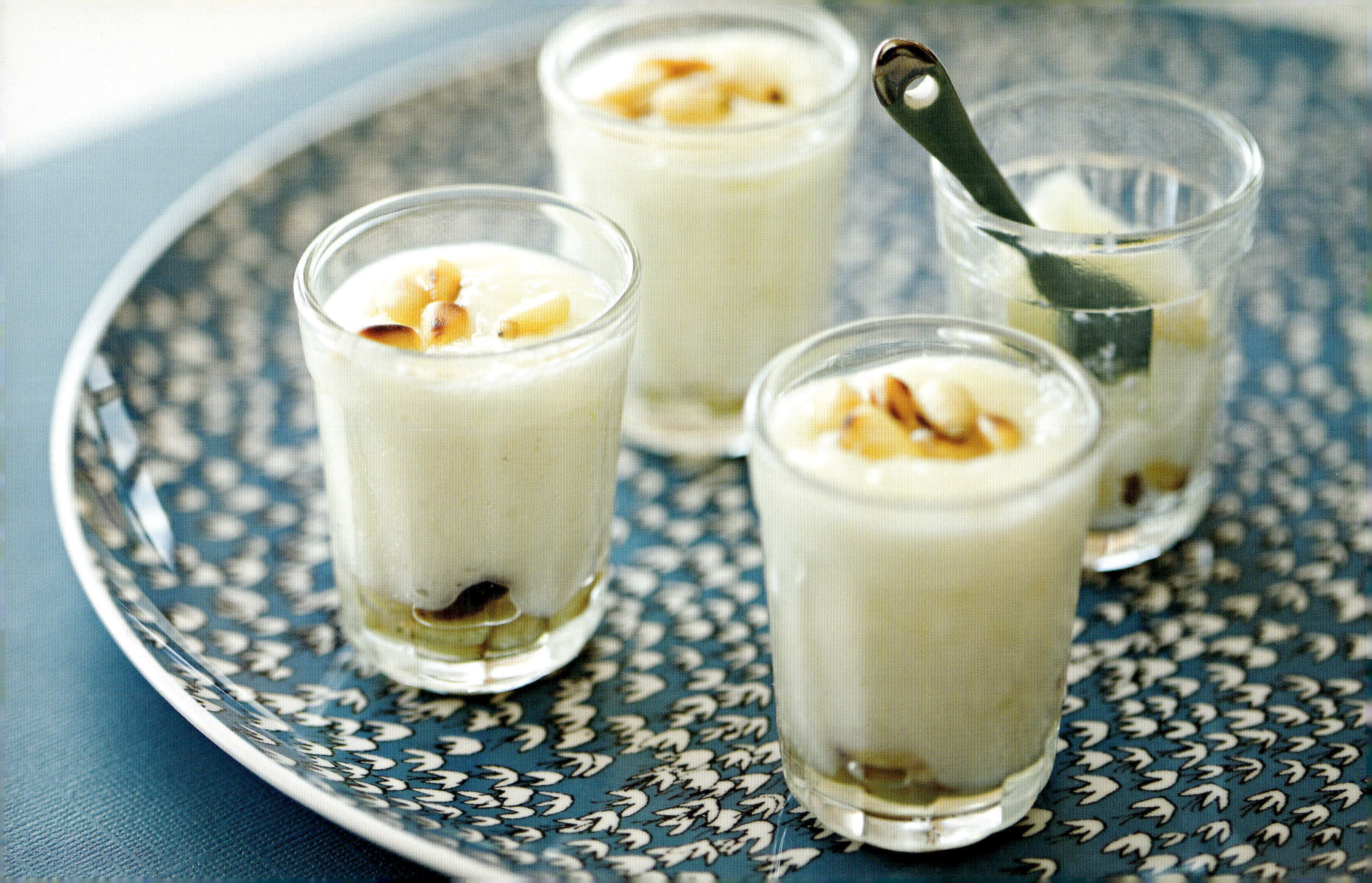

Panna cotta à la vanille, banane caramélisée et coulis de mangue

Préparation
15 minutes
+ 2 h 30 au réfrigérateur

Cuisson
10 minutes

Ingrédients pour 4 personnes
30 cl de crème liquide
(ou crème fleurette)
2 gousses de vanille
50 g de sucre cassonade
100 g de coulis de mangue
1 banane
2 cuillerées à soupe d'huile végétale
30 g de sucre semoule
1 feuille de gélatine

/ Faites ramollir la gélatine dans un bol d'eau froide (pendant 10 minutes environ).
/ Versez la crème liquide dans une casserole. Ajoutez la cassonade ainsi que les gousses de vanille fendues en deux et raclées avec la pointe d'un couteau. Faites chauffer doucement jusqu'au point d'ébullition et éteignez le feu. Ajoutez la gélatine essorée et mélangez jusqu'à complète dissolution.
/ Ôtez les gousses de vanille, rincez-les à l'eau froide, séchez-les et coupez-les en allumettes (elles vous serviront pour la décoration finale).
/ Répartissez la panna cotta dans 4 verres et laissez refroidir. Filmez et réservez 2 h 30 au frais.
/ Épluchez et coupez la banane en morceaux. Saupoudrez-les de sucre et faites-les frire dans une poêle bien chaude avec l'huile. Laissez-les caraméliser 2 minutes puis égouttez-les sur un papier absorbant.
/ Au moment de servir, nappez les panna cotta de coulis de mangue. Décorez de morceaux de banane caramélisés et d'allumettes de vanille.

Bon à savoir !
Pour un coulis de mangue maison, mixez 100 g de mangue fraîche avec 5 cl d'eau et 2 cuillerées à soupe de sucre cassonade. Vous pouvez utiliser un autre coulis de fruits ou du caramel liquide. Cette panna cotta peut être préparée la veille et conservée au réfrigérateur. Ajoutez ½ feuille de gélatine si vous souhaitez une consistance plus ferme. La gélatine peut être remplacée par 2 g d'agar-agar (1 cuillerée à café rase), mélangé à la crème liquide froide avant de la faire chauffer.

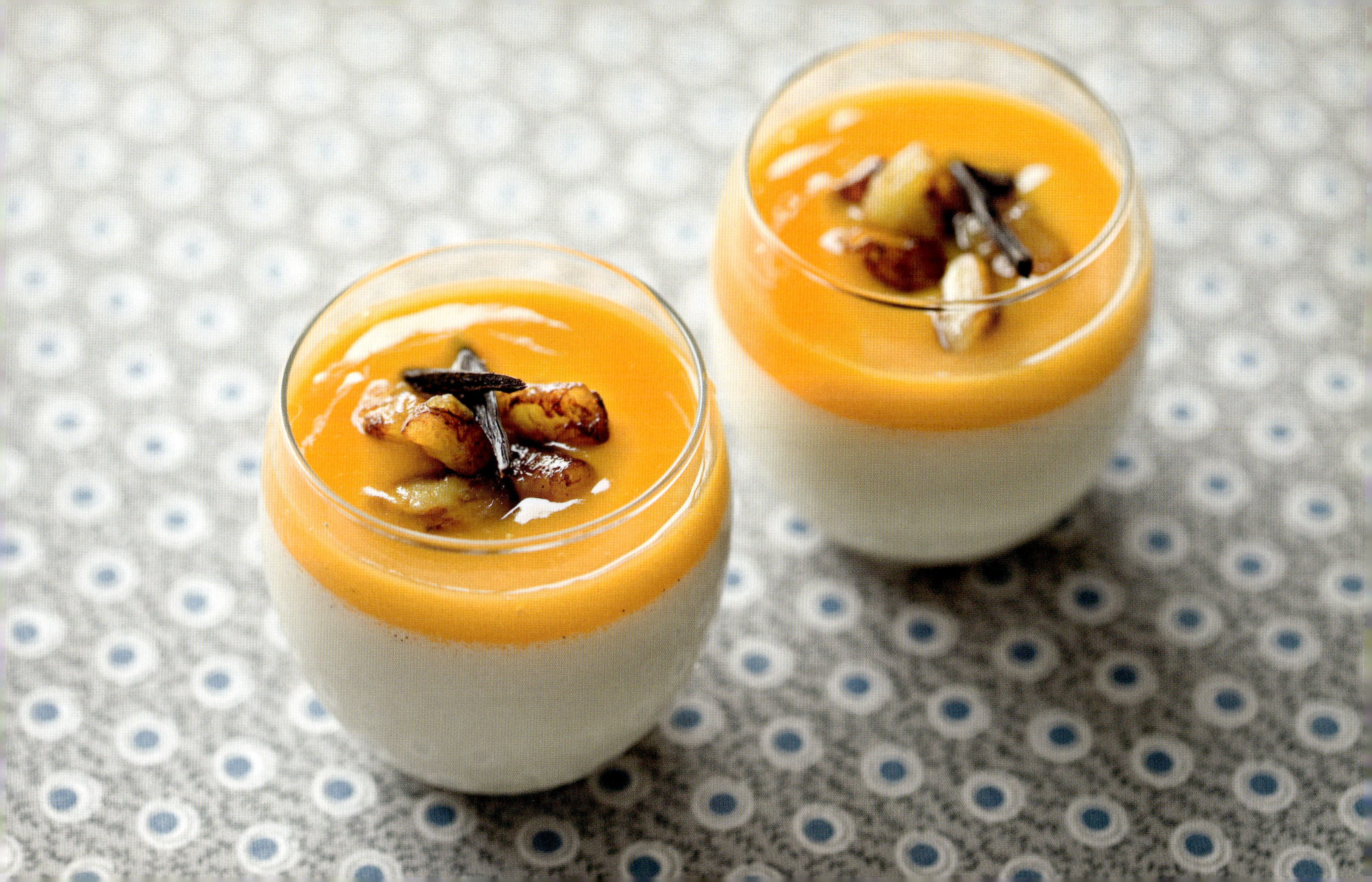

Crème onctueuse aux pommes, sirop d'érable et petits-beurre

Préparation
15 minutes
+ 2 heures au réfrigérateur

Cuisson
8 minutes

Ingrédients pour 4 personnes
2 jaunes d'œufs
30 g de sucre semoule
30 g de Maïzena®
25 cl de jus de pomme (non sucré)
60 g de beurre demi-sel
4 gâteaux de type petits-beurre
4 cuillerées à café de sirop d'érable

/ Dans un saladier, fouettez vivement les jaunes d'œufs avec le sucre jusqu'à ce que le mélange blanchisse. Ajoutez la Maïzena®, 10 cl d'eau et le jus de pomme. Mélangez le tout.

/ Transvasez la préparation dans une casserole et faites cuire, sur feu doux, 8 minutes environ jusqu'à ce que la crème devienne onctueuse et épaisse, en mélangeant au fouet.

/ Hors du feu, ajoutez le beurre coupé en morceaux et mélangez.

/ Répartissez la crème dans 4 bols et laissez refroidir. Filmez et réservez 2 heures au frais.

/ Au moment de servir, ajoutez sur chaque crème un gâteau cassé en morceaux et 1 cuillerée à café de sirop d'érable.

Bon à savoir !
Vous pouvez remplacer le jus de pomme par du cidre ou du jus de raisin et le sirop d'érable par du miel ou du caramel liquide. Pensez aux jus de fruits bio et du commerce équitable, qui sont excellents. Cette crème peut être préparée la veille et conservée au réfrigérateur.

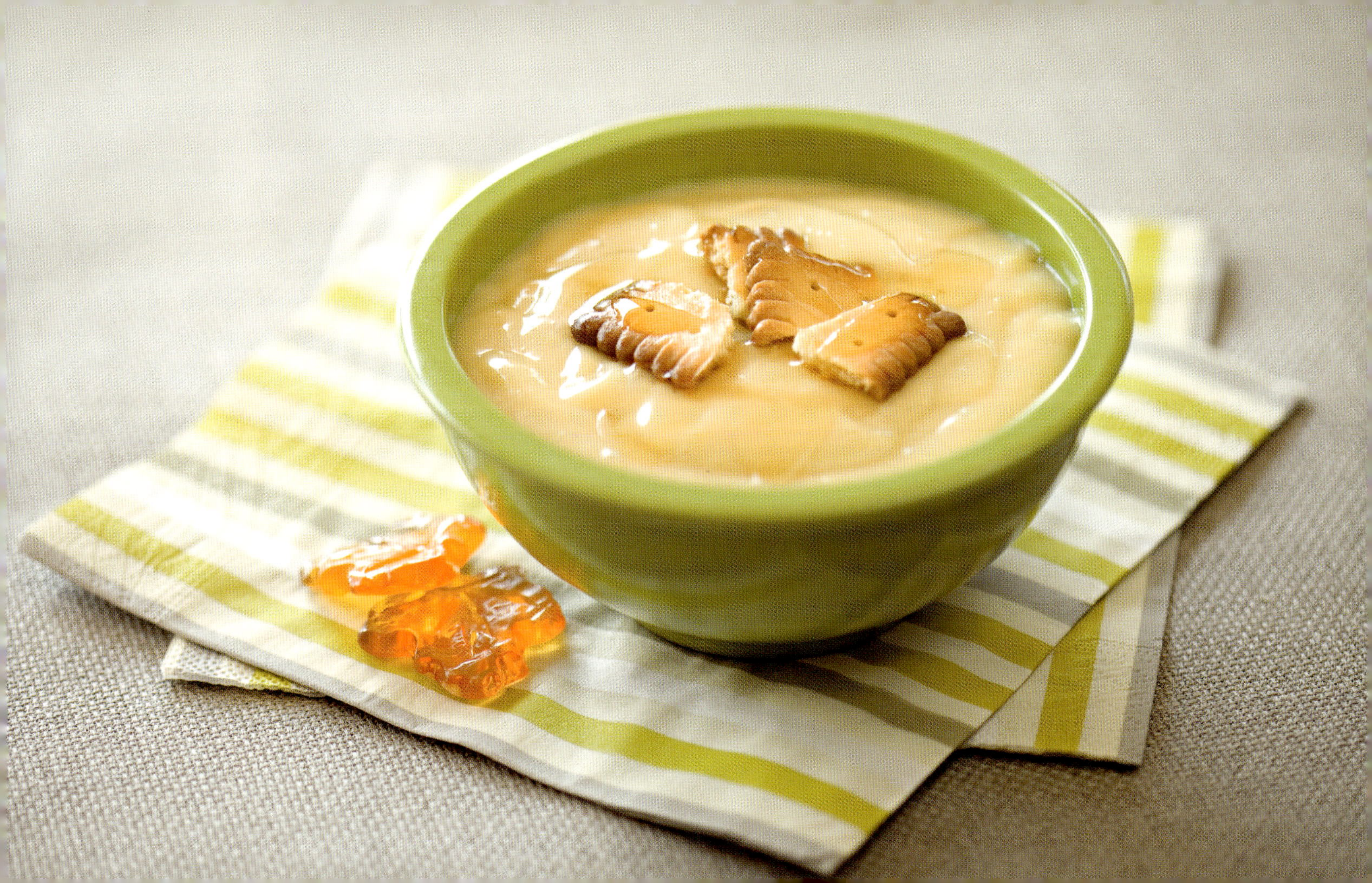

Panna cotta light à la vanille, kiwi et fruits secs

Préparation
15 minutes
+ 2 h 30 au réfrigérateur

Cuisson
5 minutes

Ingrédients pour 4 personnes
20 cl de lait
2 yaourts nature
1 gousse de vanille
50 g de sucre cassonade
100 g de mélange de fruits secs et graines (amandes effilées, raisins, tournesol, sésame)
2 kiwis
2 feuilles de gélatine

/ Faites ramollir la gélatine dans un bol d'eau froide (pendant 10 minutes environ).
/ Dans un saladier, mélangez les yaourts avec la cassonade.
/ Dans une casserole faites chauffer, sur feu doux, le lait avec la gousse de vanille fendue en deux et raclée avec la pointe d'un couteau.
/ Ajoutez la gélatine essorée dans le lait bien chaud et mélangez jusqu'à complète dissolution.
/ Ôtez la gousse de vanille et versez la préparation dans le saladier. Mélangez le tout.
/ Épluchez les kiwis et coupez-les en petits dés.
/ Répartissez le mélange de graines et fruits secs dans 4 verrines. Versez la panna cotta par-dessus et recouvrez de dés de kiwi.
/ Laissez refroidir. Filmez et réservez 2 heures 30 au frais.

Bon à savoir !
Vous pouvez remplacer les fruits secs par des fruits de saison et la vanille par 1 cuillerée à café de cannelle en poudre, du chocolat noir (50 g) ou du caramel liquide (30 g). Décorez d'amandes ou de pistaches en poudre.

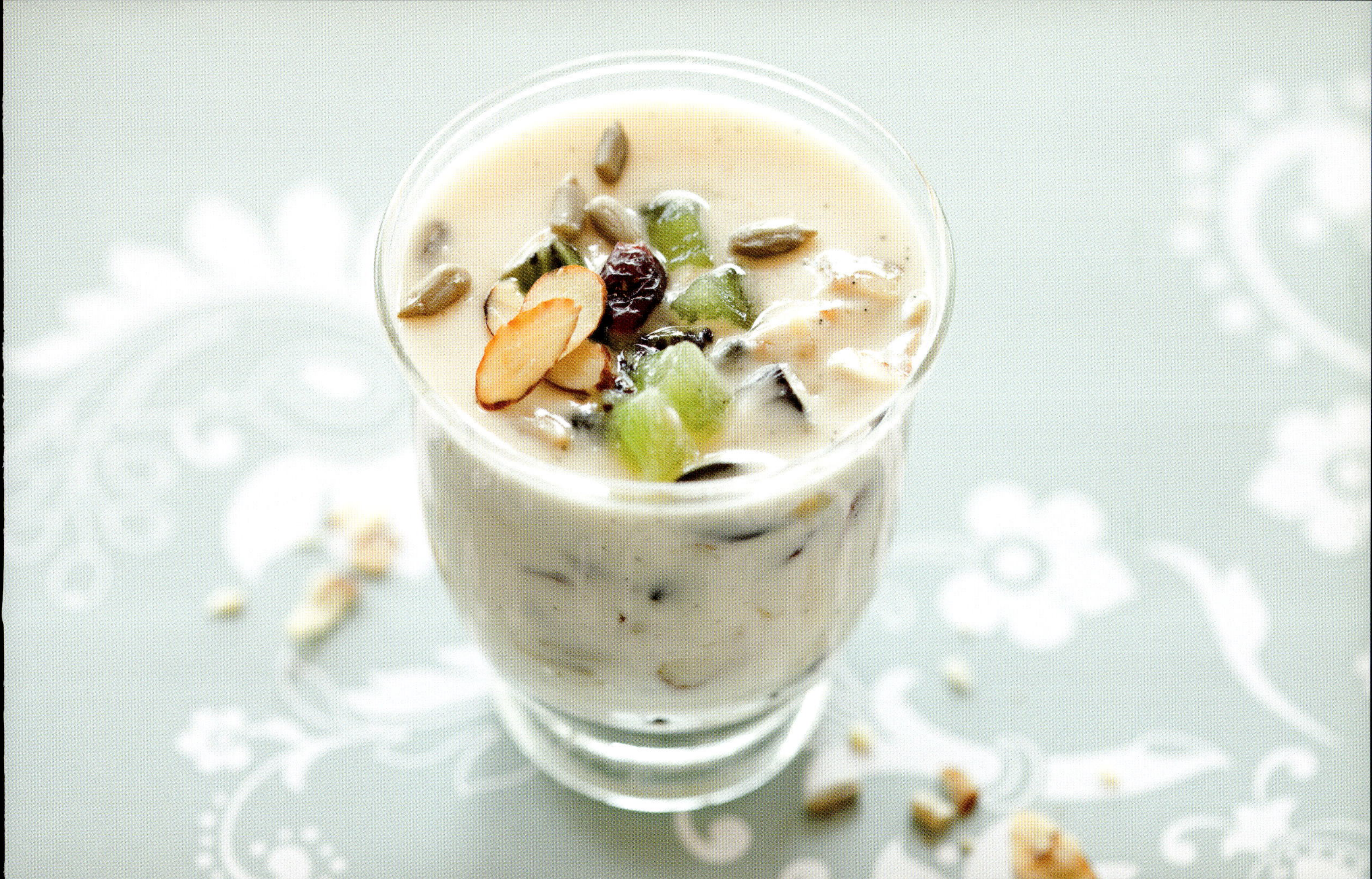

Crème dessert au Carambar®

Préparation
15 minutes
+ 2 heures au réfrigérateur

Cuisson
10 minutes

Ingrédients pour 4 personnes
20 cl de lait bio
30 g de sucre semoule
2 jaunes d'œufs
20 cl de crème liquide (ou crème fleurette)
4 Carambar® (ou Daims®)
1 ½ feuille de gélatine

/ Faites ramollir la gélatine dans un bol d'eau froide (pendant 10 minutes environ).
/ Dans un saladier, fouettez vivement les jaunes d'œufs avec le sucre jusqu'à ce que le mélange blanchisse.
/ Dans une casserole, versez le lait et la crème. Ajoutez les Carambar® et portez doucement à ébullition en mélangeant jusqu'à ce qu'ils soient fondus. Versez le mélange chaud dans le saladier en remuant avec une spatule.
/ Transvasez la préparation dans la casserole et faites cuire, sur feu doux, 3 minutes en remuant (sans porter à ébullition).
/ Hors du feu, ajoutez la gélatine essorée et mélangez au fouet jusqu'à complète dissolution.
/ Versez la crème dans un petit saladier ou dans 4 ramequins et laissez refroidir. Filmez et réservez 2 heures au frais.

Bon à savoir !
Dégustez cette crème avec des petits gâteaux de type spéculos, petits-beurre ou sablés.
À partir de cette recette de base, amusez-vous à réaliser diverses crèmes en variant les parfums : chocolat noir râpé (30 g), vanille (1 gousse), liqueur de café (1 petite cuillerée à café), fruits secs mixés (2 cuillerées à soupe), cannelle en poudre (1 cuillerée à soupe)... La gélatine peut être remplacée par 2 g d'agar-agar (1 cuillerée à café rase) mélangé au lait froid avant de le faire chauffer.

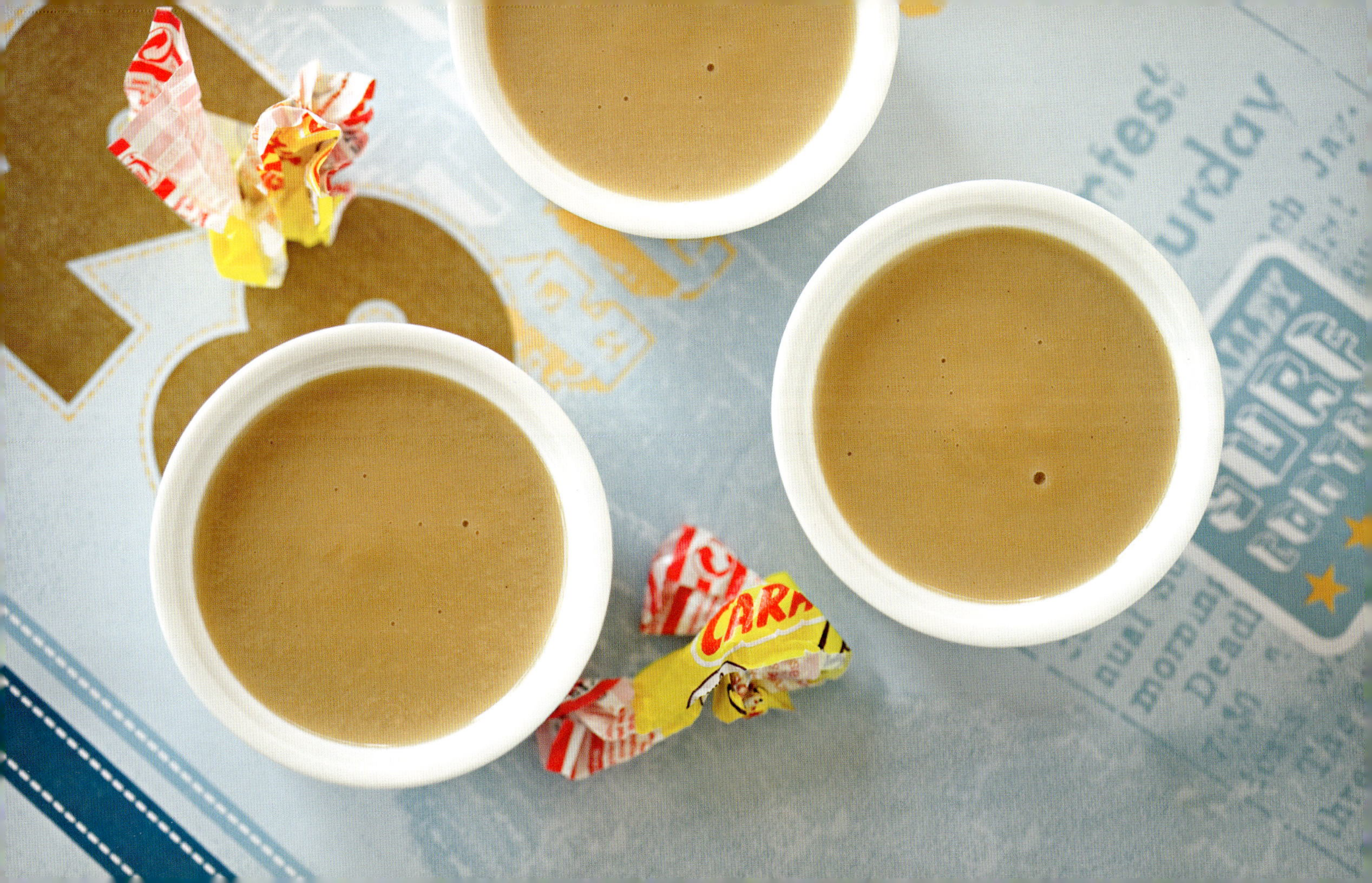

Panna cotta de Pâques

Préparation
15 minutes
+ 1 h 30 (ou 2 h 30) au réfrigérateur

Cuisson
5 minutes

Ingrédients pour 4 personnes
30 cl de lait de coco (ou de vache)
120 g de chocolat noir
4 biscuits type petits-beurre
ou sablés
70 g de sucre semoule
1 ½ feuille de gélatine

Pour la déco :
4 cuillerées à soupe de pastilles
de sucre coloré (rayon pâtisserie)
30 petits œufs ou autre décoration
de Pâques

/ Faites ramollir la gélatine dans un bol d'eau froide (pendant 10 minutes environ).
/ Dans une casserole faites chauffer, sur feu doux, le lait avec le chocolat cassé en morceaux et le sucre.
/ Lorsque le chocolat est totalement fondu, ajoutez la gélatine essorée et mélangez jusqu'à complète dissolution. Incorporez les deux tiers des biscuits émiettés.
/ Versez la préparation dans un grand moule à savarin ou 4 petits moules ronds évidés au centre. Laissez refroidir. Filmez et réservez 2 h 30 au frais pour un grand moule ou 1 h 30 pour des moules individuels.
/ Au moment de servir, démoulez la (les) panna cotta. Décorez de pastilles de sucre coloré, de petits œufs et du reste de biscuits concassés.

Bon à savoir !
Pour faciliter le démoulage, pensez à chemiser vos moules de film alimentaire avant d'y verser la crème. La gélatine peut être remplacée par 2 g d'agar-agar (1 cuillerée à café rase) mélangé au lait froid avant de le faire chauffer. Cette recette peut être réalisée avec un coulis de fruits rouges à la place du chocolat.

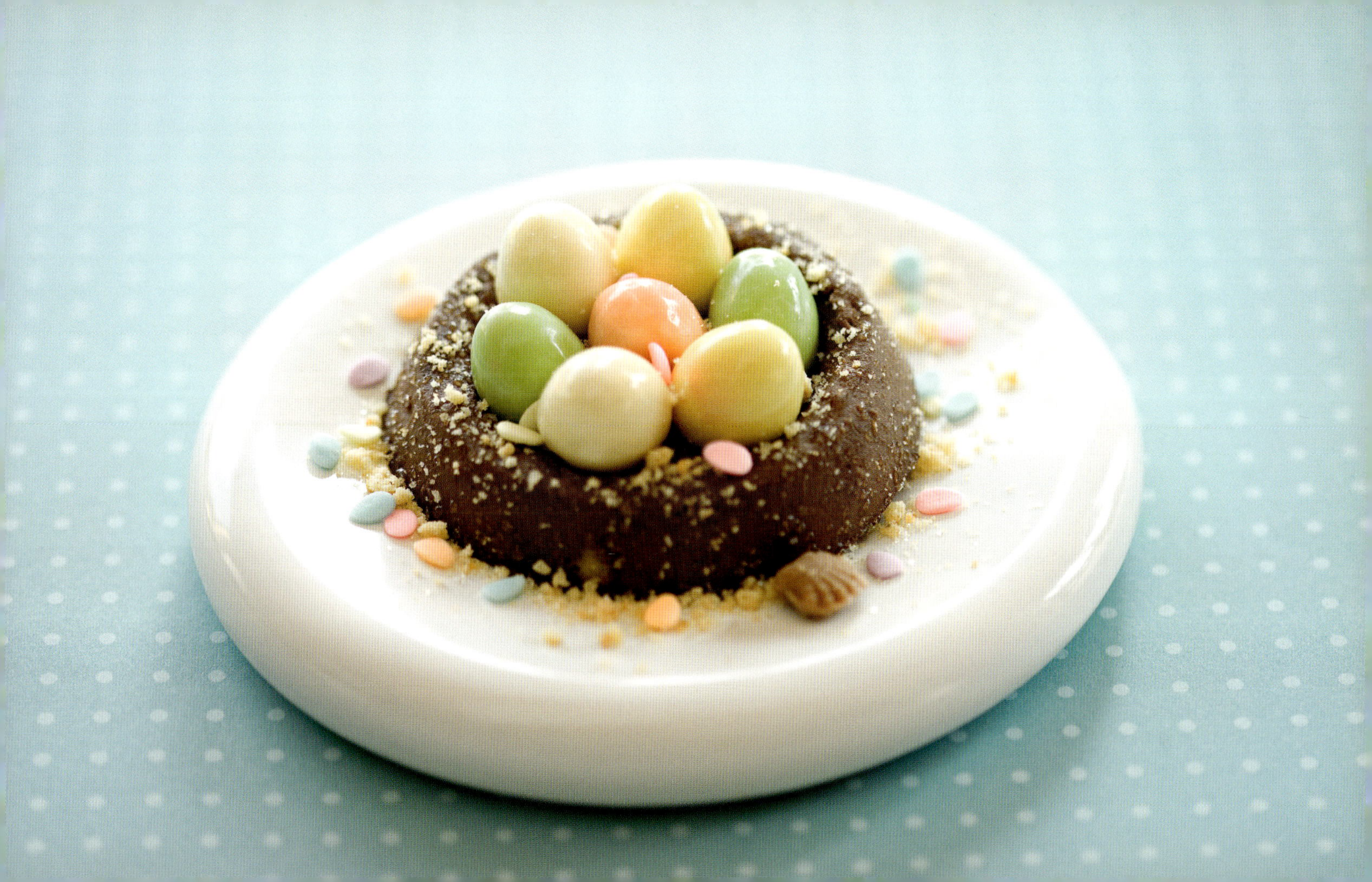

Crème façon Ti' punch

Préparation
20 minutes
+ 2 heures au réfrigérateur

Cuisson
8 minutes

Ingrédients pour 4 personnes
20 cl de lait bio
30 g de sucre cassonade
(ou de sirop de canne)
2 jaunes d'œufs
20 cl de crème liquide
(ou crème fleurette)
Le jus de 1 citron vert
2 cuillerées à soupe
de rhum blanc ou brun
10 g de feuilles de menthe
fraîche hachée
2 feuilles de gélatine

Pour la déco :
10 g de sucre coloré
4 feuilles de menthe
4 demi-rondelles de citron vert

/ Faites ramollir la gélatine dans un bol d'eau froide (pendant 10 minutes environ).
/ Dans un saladier, fouettez vivement les jaunes d'œufs avec le sucre, le jus de citron vert et le rhum jusqu'à ce que le mélange blanchisse.
/ Dans une casserole, portez doucement le lait à ébullition avec la crème liquide et la menthe hachée. Versez la préparation chaude dans le saladier et mélangez.
/ Transvasez le tout dans la casserole et faites cuire, sur feu doux, 3 minutes en remuant.
/ Hors du feu, ajoutez la gélatine essorée et mélangez au fouet jusqu'à complète dissolution.
/ Mouillez le contour de 4 verres dans un bol d'eau puis placez-les dans une petite assiette contenant le sucre coloré et tournez-les sur eux-même.
/ Répartissez la crème dans les verres et laissez refroidir. Filmez et réservez 2 heures au frais.
/ Au moment de servir, décorez de menthe et d'une demi-rondelle de citron vert.

Bon à savoir !
N'hésitez pas à varier les parfums : du Grand Marnier® ou du Malibu® à la place du rhum, par exemple. Pour accentuer le côté exotique de cette recette, faites infuser des écorces de citron vert (non traité), dans la cuisson du lait et de la crème. La gélatine peut être remplacée par 2 g d'agar-agar (1 cuillerée à café rase) mélangé au lait froid avant de le faire chauffer.

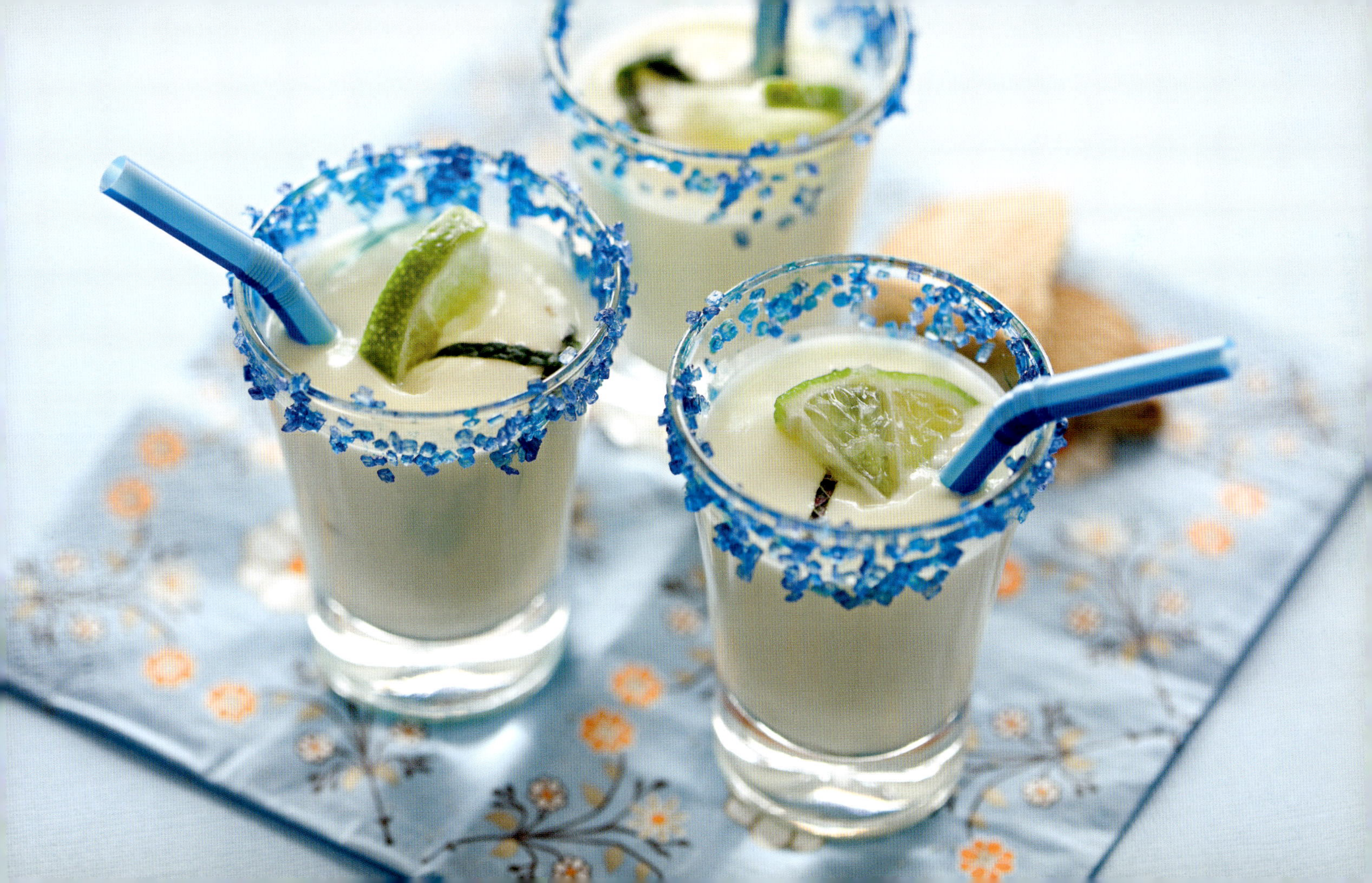

Panna cotta mousseuse au lait de coco et ananas caramélisé

Préparation
20 minutes
+ 2 h 30 au réfrigérateur

Cuisson
10 minutes

Ingrédients pour 4 personnes
15 cl de lait de vache ou de brebis
15 cl de lait de coco
200 g de chair d'ananas frais bien mûr
45 g de sucre semoule
30 g de sucre cassonade
15 cl de crème fleurette
80 g de crème chantilly
1 ½ feuille de gélatine

/ Faites ramollir la gélatine dans un bol d'eau froide (pendant 10 minutes environ).
/ Dans une casserole, faites chauffer, sur feu doux, le lait avec le lait de coco, la crème fleurette et le sucre semoule (sans porter à ébullition).
/ Hors du feu, ajoutez la gélatine essorée et mélangez jusqu'à complète dissolution. Versez la préparation dans un saladier et laissez tiédir. Incorporez délicatement la crème chantilly.
/ Répartissez la panna cotta dans 4 verres. Filmez et réservez 2 heures 30 au frais.
/ Coupez l'ananas en petits dés et faites-les revenir dans une poêle avec la cassonade jusqu'à ce qu'ils soient caramélisés.
/ Au moment de servir, décorez les crèmes de dés d'ananas.

Cette recette m'a été donnée par le restaurant La Table de Jeanne.

Bon à savoir !
Vous pouvez remplacer l'ananas par tout autre fruit de saison (coupé en morceaux ou préparé en coulis). Si vous n'avez pas de fruits frais, pensez à la confiture, au caramel, au sirop d'érable ou au miel. Cette panna cotta peut être préparée la veille et conservée au réfrigérateur. Ajoutez ½ feuille de gélatine si vous souhaitez une consistance plus ferme.

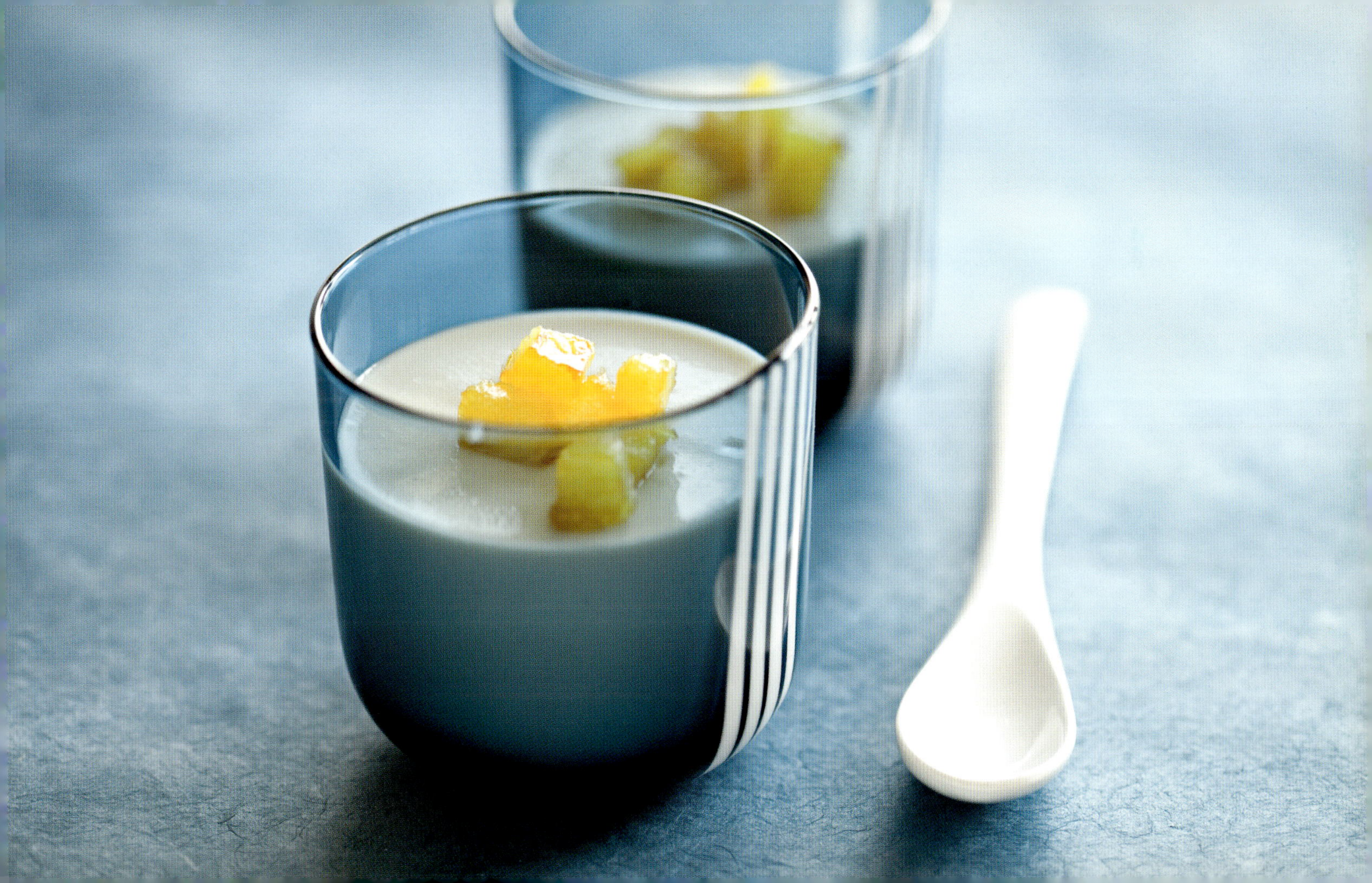

Crème onctueuse à la menthe et melon frais

Préparation
15 minutes
+ 2 heures au réfrigérateur

Cuisson
4 minutes

Ingrédients pour 4 personnes
200 g de chair de melon
50 g de sucre semoule
30 g de Maïzena®
2 jaunes d'œufs
60 g de beurre doux
10 feuilles de menthe fraîche

- Faites infuser 5 feuilles de menthe dans 30 cl d'eau bouillante. Laissez tiédir puis filtrez l'infusion.
- Dans un saladier, fouettez vivement les jaunes d'œufs avec le sucre jusqu'à ce que le mélange blanchisse. Ajoutez la Maïzena® et l'infusion de menthe tiédie. Mélangez le tout.
- Transvasez la préparation dans une casserole et faites cuire, sur feu doux, 4 minutes environ jusqu'à ce que la crème devienne onctueuse et épaisse, en mélangeant au fouet.
- Hors du feu, ajoutez le beurre coupé en morceaux puis les 5 feuilles de menthe restantes hachées. Mélangez bien le tout.
- Versez la crème dans 4 ramequins et laissez refroidir. Filmez et réservez 2 heures au frais.
- Prélevez des billes de melon (ou taillez-le en petits cubes) et conservez-les au réfrigérateur dans un bol, sous film alimentaire.
- Au moment de servir, décorez chaque crème de billes ou de cubes de melon.

Bon à savoir !
Vous pouvez remplacer le melon par de la mangue ou des framboises. N'hésitez pas à varier les parfums de l'infusion : romarin, lavande, thé parfumé...

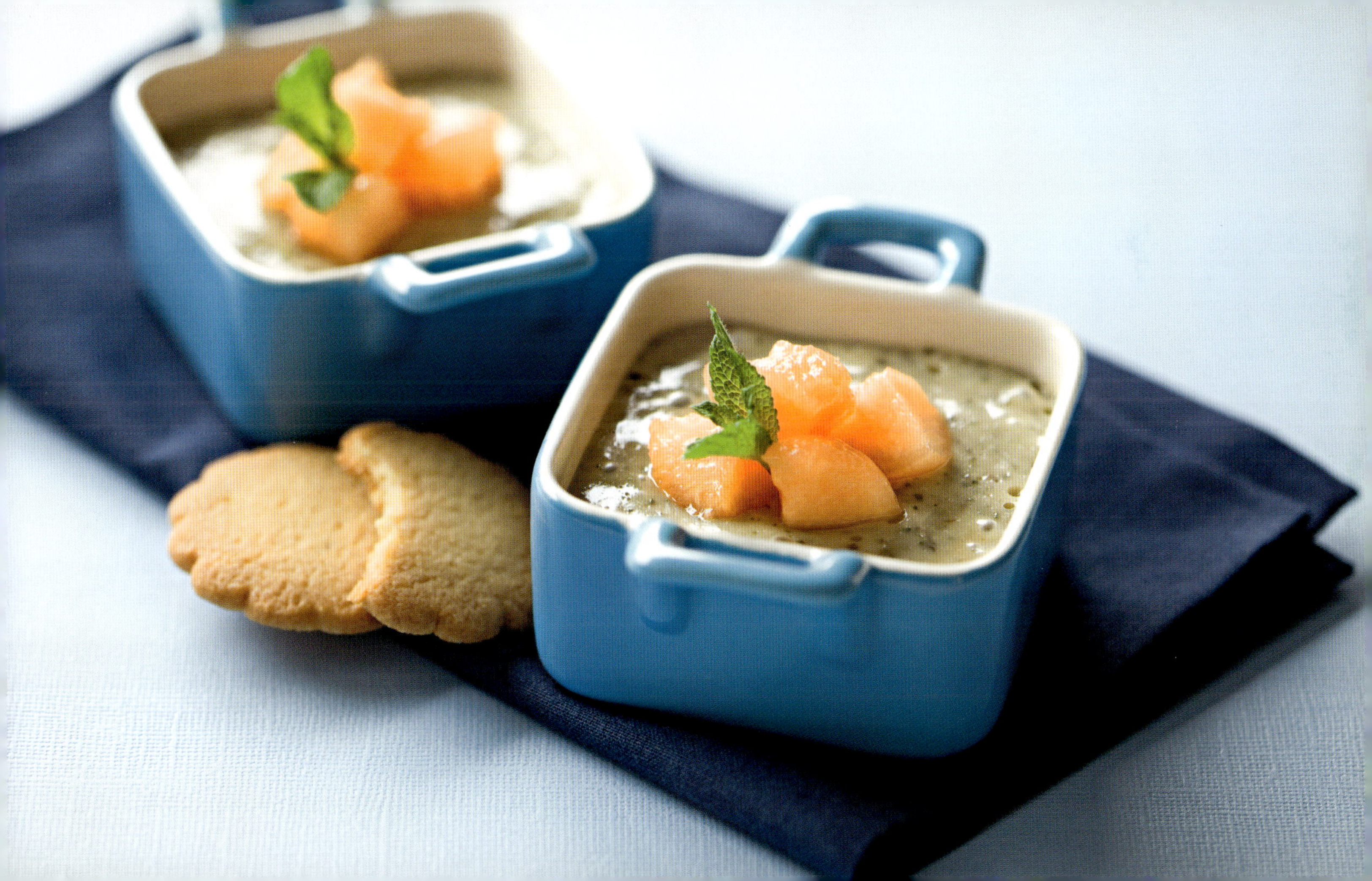

Crème à la pistache, framboise et nougat

Préparation
30 minutes
+ 2 heures au réfrigérateur

Cuisson
15 minutes

Ingrédients pour 4 personnes
Pour la crème à la pistache :
10 cl de lait bio
10 cl de crème liquide
1 jaune d'œuf
15 g de sucre semoule
30 g de pistaches décortiquées, non salées
20 g de nougat blanc coupé en petits dés
½ feuille de gélatine

Pour la crème à la framboise :
25 cl de lait bio
20 g de Maïzena®
30 g de sucre cassonade
80 g de framboises fraîches

Pour la déco :
12 framboises fraîches
4 dés de nougat
20 g de pistaches concassées

/ Réalisez la crème à la pistache : faites ramollir la gélatine dans un bol d'eau froide (pendant 10 minutes environ). Mixez les pistaches.

/ Dans un saladier, fouettez vivement le jaune d'œuf avec le sucre jusqu'à ce que le mélange blanchisse.

/ Dans une casserole, faites chauffer le lait et la crème avec la poudre de pistaches jusqu'au point d'ébullition. Versez le mélange bien chaud dans le saladier en remuant avec une spatule. Transvasez la préparation dans la casserole et faites cuire, sur feu doux, 3 minutes en mélangeant. Hors du feu, ajoutez la gélatine essorée et mélangez au fouet jusqu'à complète dissolution. Incorporez les dés de nougat.

/ Répartissez la crème dans 4 verres et laissez refroidir.

/ Réalisez la crème à la framboise : dans une casserole, faites chauffer le lait avec la cassonade, sur feu très doux. Ajoutez les framboises écrasées à la fourchette puis la Maïzena®. Mélangez bien le tout et faites cuire, sur feu doux, 8 minutes environ jusqu'à ce que la crème épaississe, en remuant au fouet. Portez ensuite doucement à ébullition, toujours en mélangeant, puis ôtez la casserole du feu.

/ Versez délicatement la crème à la framboise sur la crème à la pistache. Filmez et réservez 2 heures au frais.

/ Au moment de servir, décorez les crèmes de framboises, de dés de nougat et de pistaches concassées.

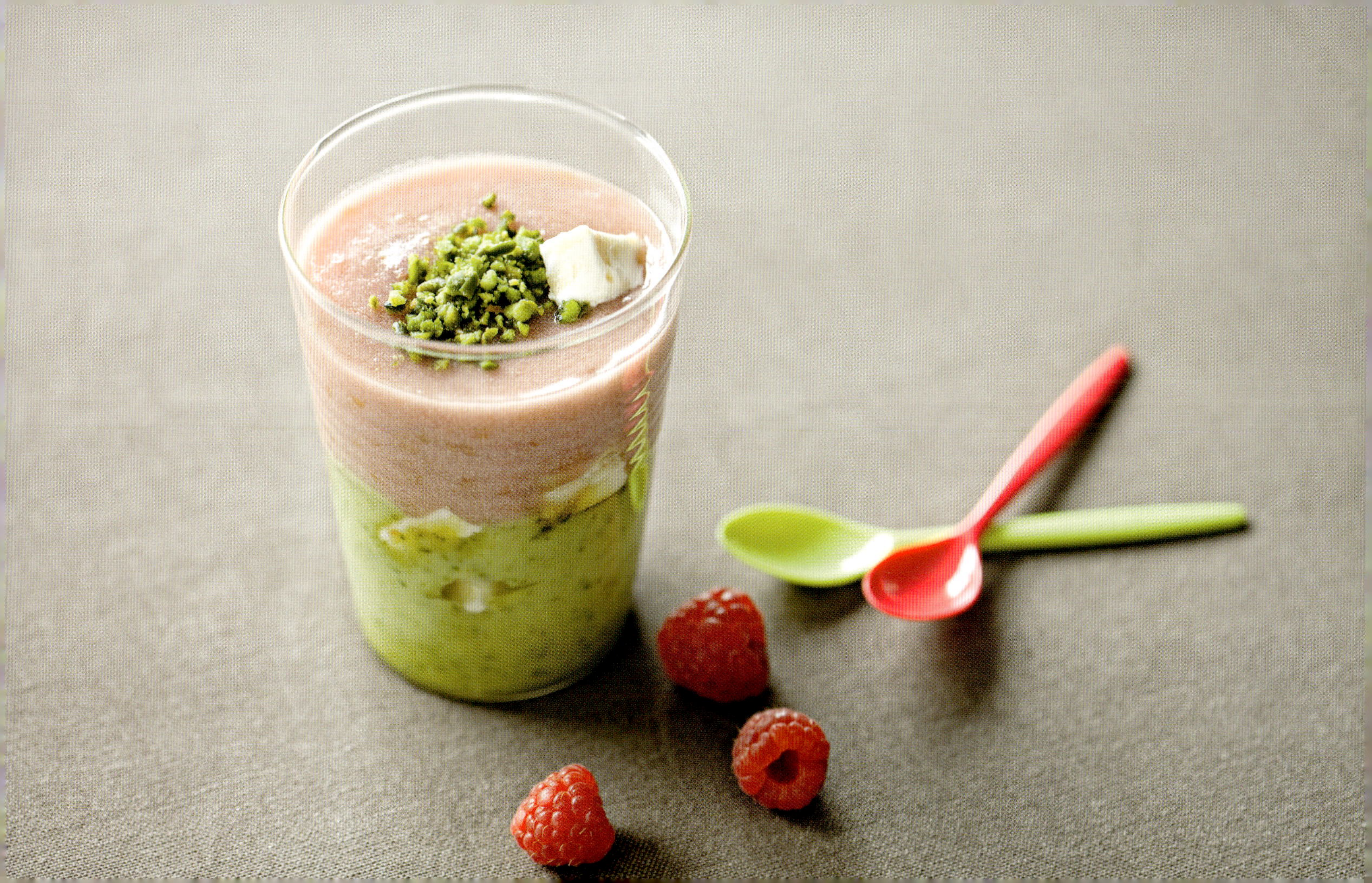

Crème onctueuse raisin-cannelle et rhubarbe poêlée

Préparation
30 minutes
+ 2 heures au réfrigérateur

Cuisson
22 minutes

Ingrédients pour 4 personnes
150 g de rhubarbe en morceaux
30 g de beurre demi-sel
20 g de sucre cassonade

Pour la crème :
2 jaunes d'œufs
40 g de sucre semoule
30 g de Maïzena®
25 cl de jus de raisin
2 cuillerées à café de cannelle en poudre
60 g de beurre

/ Réalisez la crème : dans un saladier, fouettez vivement les jaunes d'œufs avec le sucre semoule jusqu'à ce que le mélange blanchisse. Ajoutez la Maïzena®, 10 cl d'eau, le jus de raisin et la cannelle. Mélangez le tout.

/ Transvasez la préparation dans une casserole et faites cuire, sur feu doux, 7 minutes environ jusqu'à ce que la crème devienne onctueuse et épaisse, en mélangeant au fouet.

/ Hors du feu, ajoutez le beurre coupé en morceaux et mélangez.

/ Répartissez la crème dans 4 ramequins et laissez refroidir. Filmez et réservez 2 heures au frais.

/ Poêlez les morceaux de rhubarbe avec le beurre et la cassonade, et laissez caraméliser 15 minutes.

/ Au moment de servir, décorez les crèmes de rhubarbe caramélisée.

Bon à savoir !
Vous pouvez remplacer le jus de raisin par du jus de pomme ou du cidre et réaliser des poêlées avec tous les fruits de saison. Pensez aux jus de fruits bio et du commerce équitable qui sont excellents. Cette crème peut être préparée la veille et conservée au réfrigérateur.

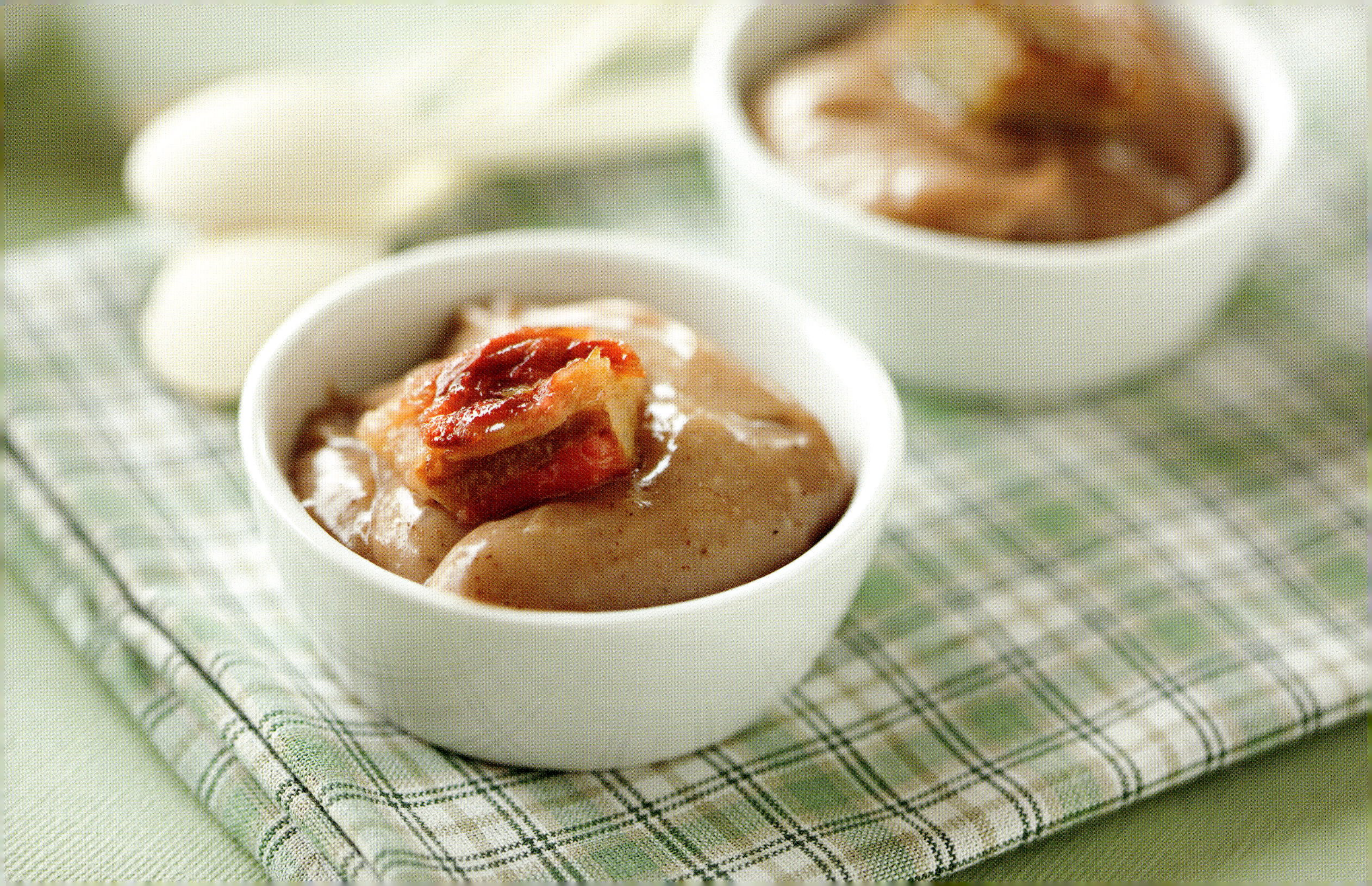

Cuillères au chocolat pour café gourmand

Préparation
20 minutes
+ 1 h 30 au réfrigérateur

Cuisson
10 minutes

Ingrédients pour
8 cuillères de présentation
50 cl de lait bio
70 g de chocolat noir
2 jaunes d'œufs
40 g de sucre cassonade
1 sachet de sucre vanillé
20 g de farine de sarrasin
(ou autre farine de votre choix)
1 cuillerée à soupe de noisettes concassées
1 cuillerée à soupe d'amandes en poudre
1 cuillerée à soupe de pistaches en poudre

/ Dans un saladier, fouettez vivement les jaunes d'œufs avec la cassonade jusqu'à ce que le mélange blanchisse. Incorporez la farine.

/ Dans une casserole, faites bouillir le lait avec le sucre vanillé. Ajoutez le chocolat cassé en morceaux et laissez fondre, sur feu doux, en remuant avec une spatule. Versez le mélange dans le saladier et remuez vigoureusement.

/ Transvasez la préparation dans la casserole et faites cuire, sur feu doux, 10 minutes environ jusqu'à ce que la crème épaississe, en mélangeant au fouet (sans porter à ébullition).

/ Répartissez la crème au chocolat dans 8 cuillères de présentation et saupoudrez d'amandes, de pistaches ou de noisettes. Filmez et réservez 1 heure 30 au frais.

Bon à savoir !
Si vous réalisez cette recette dans des verrines ou un saladier, doublez le temps de repos. Vous pouvez remplacer le chocolat noir par 50 g de caramel liquide ou 2 gousses de vanille (fendues en deux et grattées).

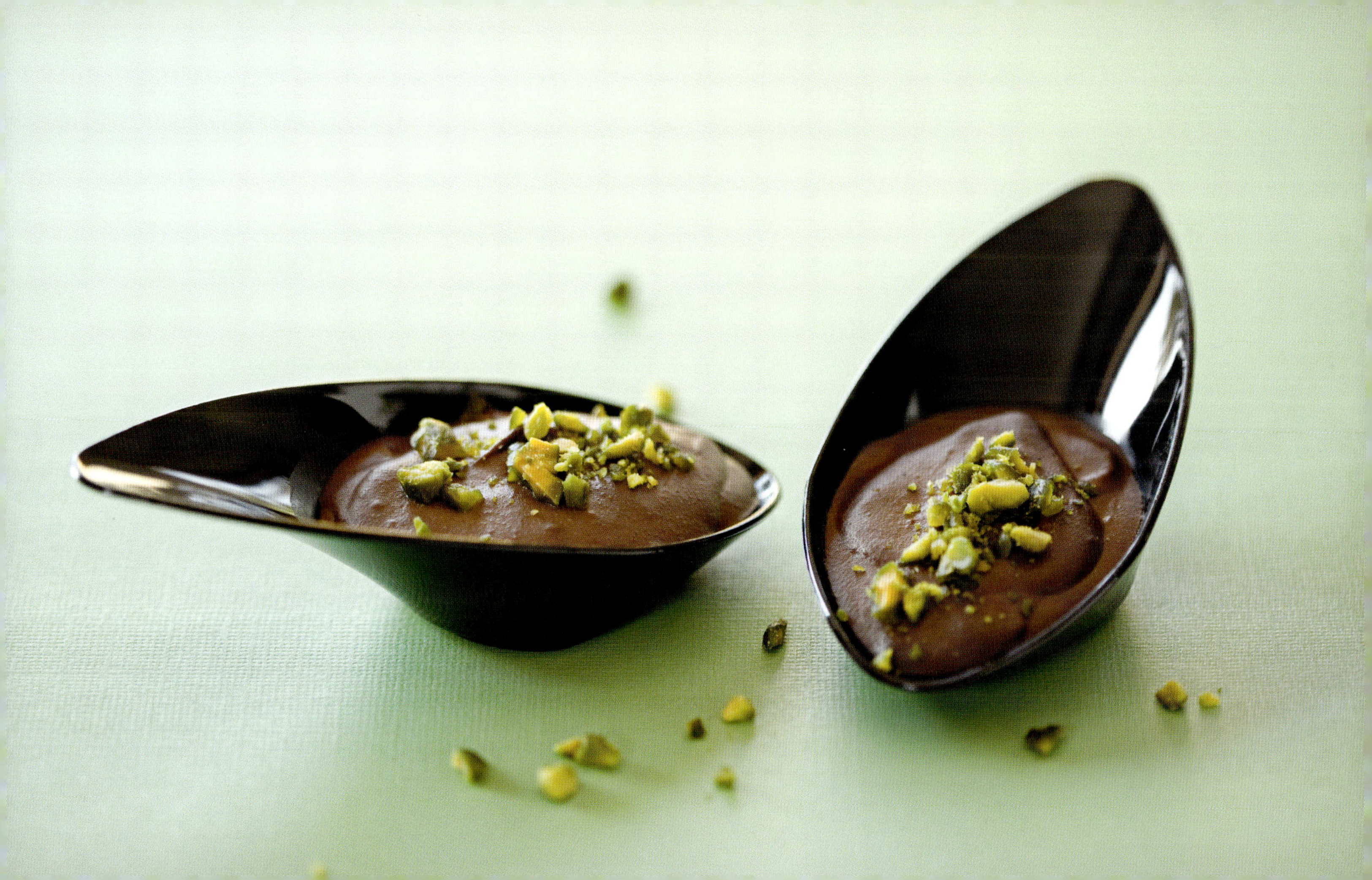

Panna cotta au caramel et meringue

Préparation
10 minutes
+ 2 h 30 au réfrigérateur

Cuisson
5 minutes

Ingrédients pour 4 personnes
30 cl de crème liquide
30 g de sucre cassonade
2 cuillerées à soupe de caramel au beurre salé (ou 5 bonbons au caramel)
4 petites meringues
40 g de pralin
1 ½ feuille de gélatine

/ Faites ramollir la gélatine dans un bol d'eau froide (pendant 10 minutes environ).
/ Dans une casserole faites chauffer, sur feu doux, la crème liquide avec le caramel et la cassonade en remuant.
/ Lorsque le caramel est totalement fondu, ajoutez la gélatine essorée et mélangez jusqu'à complète dissolution. Incorporez les deux tiers du pralin.
/ Répartissez la préparation dans 4 ramequins et posez 1 meringue sur le dessus. Filmez et réservez 2 heures 30 au frais.
/ Au moment de servir, démoulez les panna cotta et saupoudrez-les du reste de pralin.

Bon à savoir !
Pour faciliter le démoulage, pensez à chemiser vos moules de film alimentaire avant d'y verser la crème.
Vous pouvez remplacer le caramel par des Carambar®, de la crème de spéculos ou des Daims®. Les panna cotta peuvent être préparées la veille et conservées au réfrigérateur. La gélatine peut être remplacée par 2 g d'agar-agar (1 cuillerée à café rase) mélangé à la crème liquide froide avant de la faire chauffer.

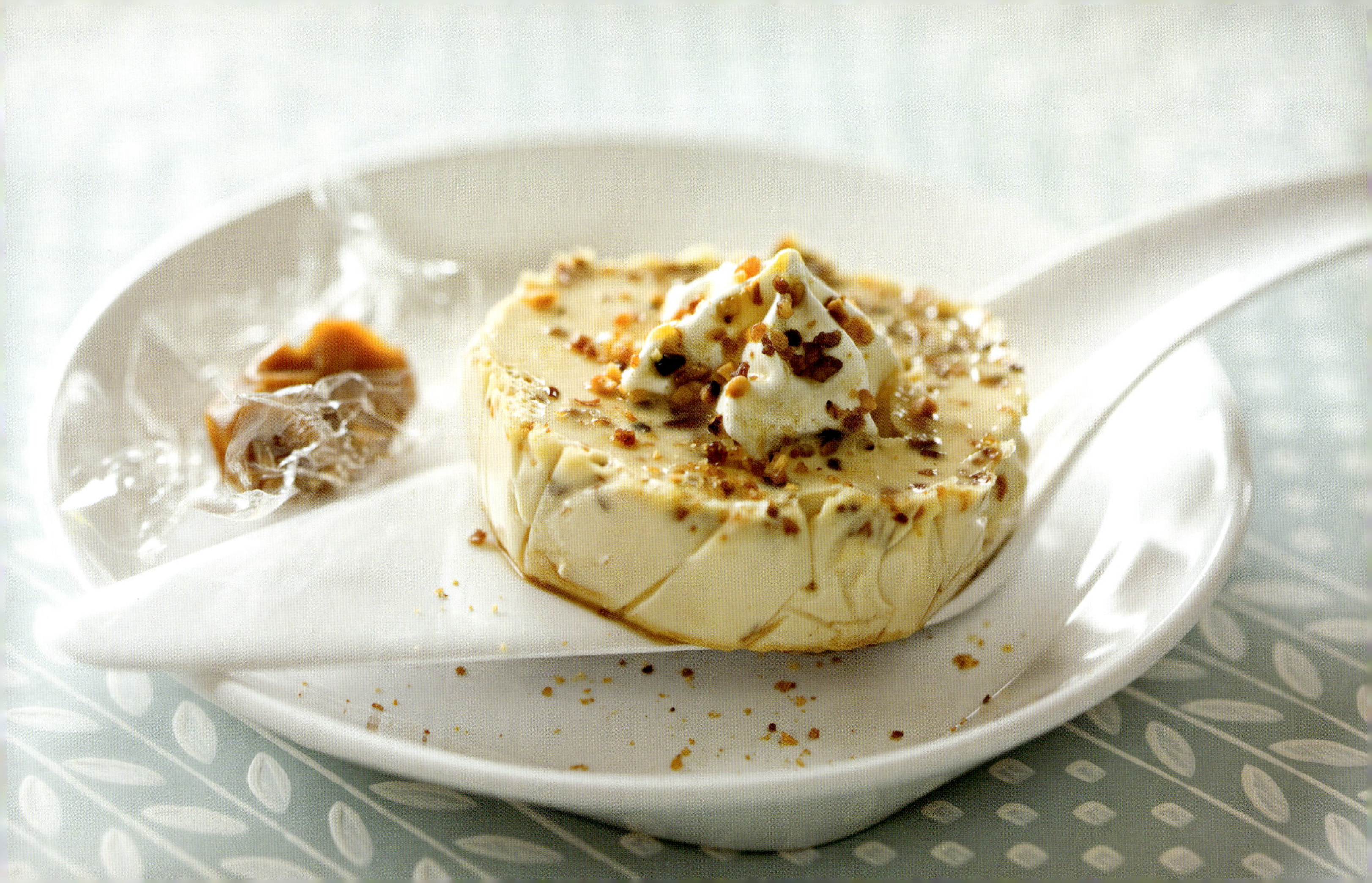

Crème au café, éclats de noisettes, brownies et chantilly

Préparation
20 minutes
+ 2 heures au réfrigérateur

Cuisson
6 minutes

Ingrédients pour 4 personnes
80 g de brownies au chocolat
2 jaunes d'œufs
70 g de sucre semoule
30 g de Maïzena®
15 cl de café fort
60 g de beurre
10 noisettes décortiquées
4 cuillerées à soupe de crème chantilly

/ Concassez les noisettes et faites-les caraméliser dans une poêle avec 20 g de sucre en surveillant bien la cuisson. Réservez-les sur une assiette.

/ Dans un saladier, fouettez vivement les jaunes d'œufs avec le reste de sucre jusqu'à ce que le mélange blanchisse. Ajoutez la Maïzena®, le café et 15 cl d'eau. Mélangez le tout.

/ Transvasez la préparation dans une casserole et faites cuire, sur feu doux, 4 minutes jusqu'à ce que la crème devienne onctueuse et épaisse, en mélangeant au fouet.

/ Hors du feu, ajoutez le beurre coupé en morceaux et mélangez.

/ Tapissez le fond de 4 verres de quelques morceaux de brownies. Versez un peu de crème par-dessus, ajoutez d'autres morceaux de brownies et recouvrez de crème. Filmez et réservez 2 heures au frais.

/ Au moment de servir, coiffez les verres de crème chantilly et décorez de noisettes caramélisées.

Bon à savoir !
Vous pouvez remplacer le café par du chocolat noir (100 g) ou du caramel liquide (80 g) et les brownies par du pain d'épices ou de la brioche. Pour une chantilly maison, fouettez au batteur électrique 15 cl de crème fleurette bien froide. Il existe dans les grandes surfaces, au rayon pâtisserie, des sachets d'éclats de noisettes déjà caramélisés. Vous pouvez renforcer le goût du café en ajoutant 1 cuillerée à soupe de liqueur de café.

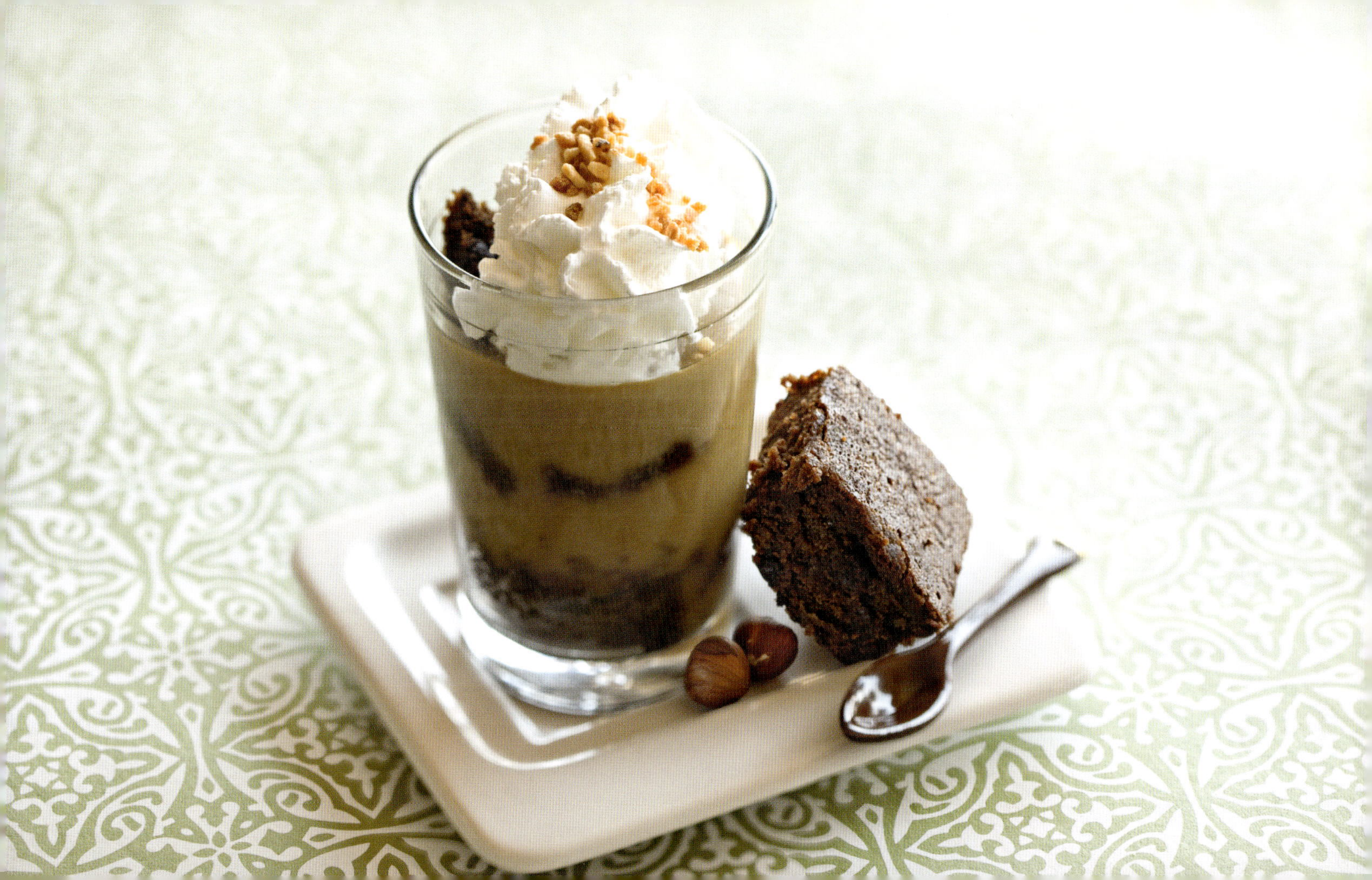

Crème chocolat noir-amandes

Préparation
15 minutes
+ 2 heures au réfrigérateur

Cuisson
10 minutes

Ingrédients pour 4 personnes
50 cl de lait bio
20 g de Maïzena®
30 g de sucre cassonade
100 g de chocolat noir
100 g d'amandes effilées

/ Dans une casserole, faites chauffer le lait avec la cassonade à feu très doux. Ajoutez le chocolat cassé en morceaux et la Maïzena®. Mélangez et faites cuire, sur feu doux, 8 minutes environ jusqu'à ce que la crème épaississe, en remuant au fouet.

/ Portez doucement la préparation à ébullition, toujours en mélangeant, puis ôtez la casserole du feu.

/ Répartissez la crème dans 4 petits pots et laissez refroidir. Filmez et réservez 2 heures au frais.

/ Au moment de servir, faites griller les amandes dans une poêle sans matière grasse. Parsemez les crèmes d'amandes dorées et dégustez.

Bon à savoir !
Pour varier, réalisez cette recette avec du caramel liquide (80 g), de la liqueur de café (1 grosse cuillerée à café) ou de l'extrait de vanille (1 cuillerée à café).
Il existe dans le commerce des sachets d'amandes effilées déjà grillées. Cette crème peut être préparée la veille et conservée au réfrigérateur.

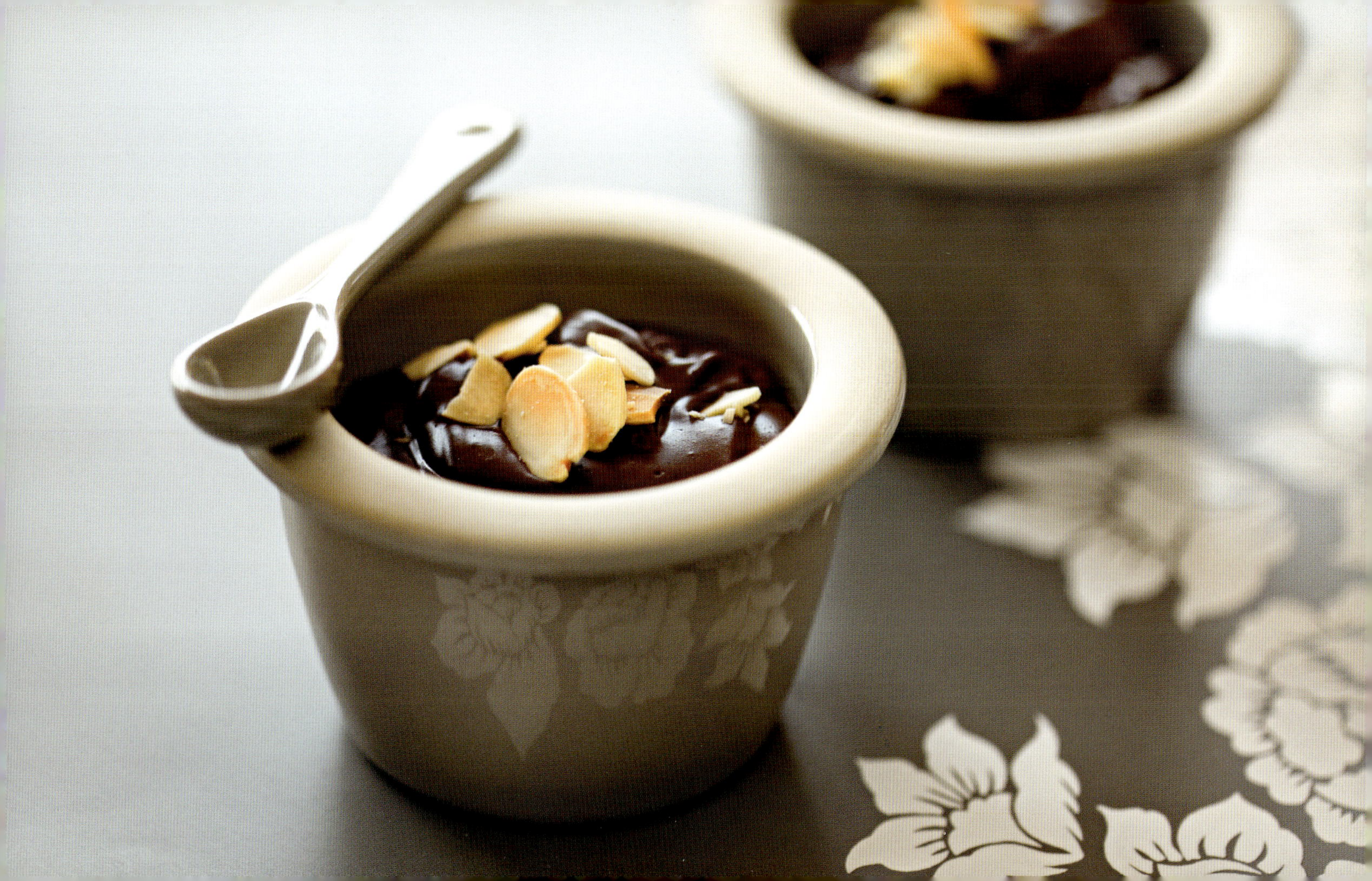

Crème à la vanille, marshmallows et framboises

Préparation
15 minutes
+ 2 heures au réfrigérateur

Cuisson
10 minures

Ingrédients pour 4 personnes
30 cl de lait bio
20 g de Maïzena®
30 g de sucre cassonade
1 belle gousse de vanille
8 marshmallows
ou 16 mini-marshmallows
16 framboises fraîches

/ Dans une casserole, faites chauffer le lait avec la cassonade, sur feu très doux.
/ Ajoutez la gousse de vanille fendue en deux et raclée à l'aide de la pointe d'un couteau. Saupoudrez de Maïzena® et mélangez bien le tout. Faites cuire, sur feu doux, 8 minutes environ afin que la crème épaississe, en remuant avec un fouet.
/ Portez doucement la préparation à ébullition, toujours en mélangeant, puis retirez la casserole du feu et laissez légèrement refroidir.
/ Ôtez la gousse de vanille et répartissez la crème dans 4 verrines. Ajoutez les marshmallows et les framboises. Filmez et réservez 2 heures au frais.

Bon à savoir !
À partir de cette recette de base, amusez-vous à réaliser diverses crèmes en variant les parfums : chocolat noir râpé (30 g), cannelle en poudre (1 cuillerée à soupe), caramel liquide (2 cuillerées à soupe), pistaches mixées (40 g)... Vous pouvez remplacer la Maïzena® par de la farine complète ou de sarrasin ; le temps de cuisson sera plus long (15 minutes environ) mais le résultat tout aussi bon.

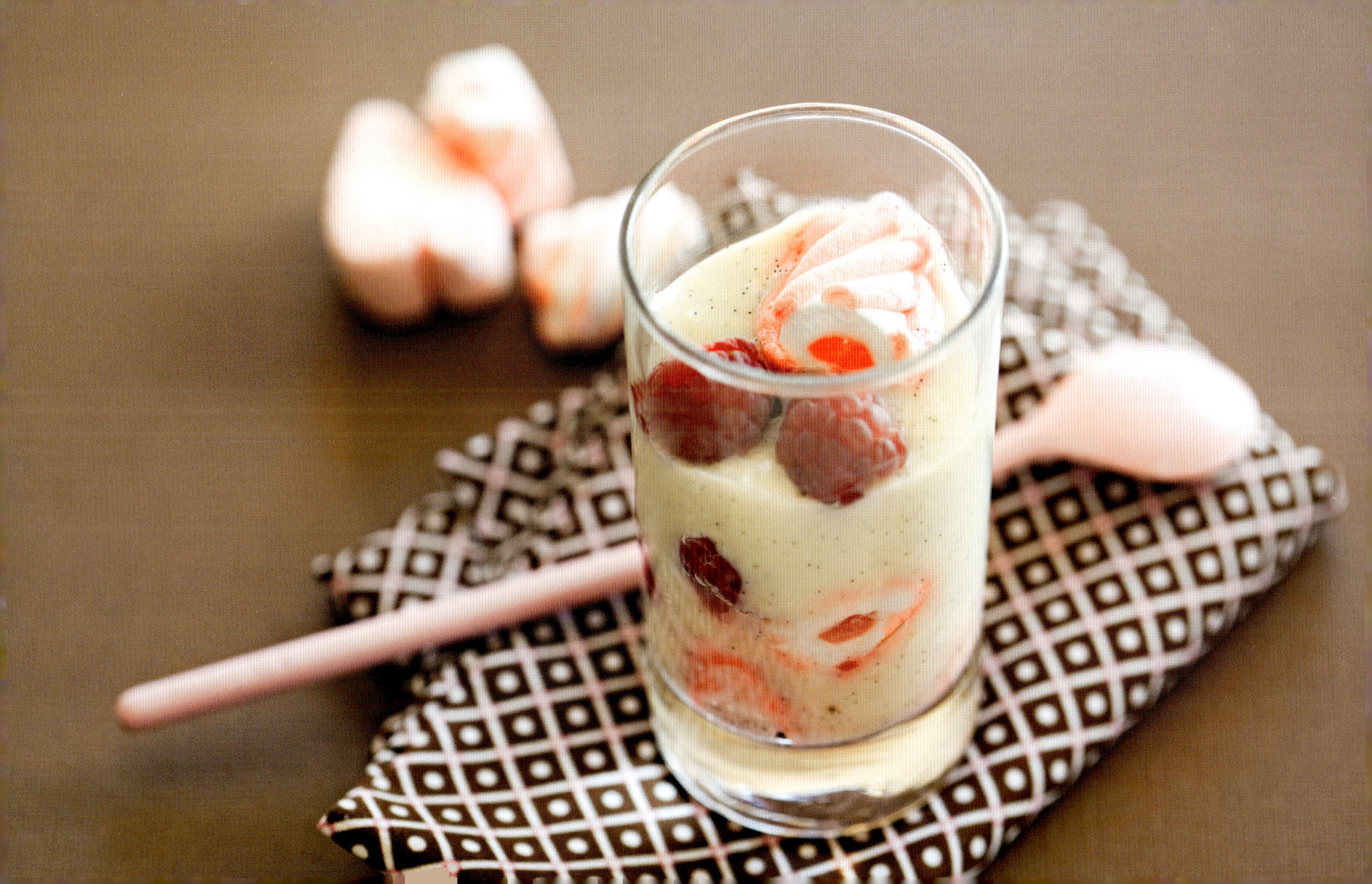

Panna cotta crème de marrons-Nutella®

Préparation
10 minutes
+ 2 heures au réfrigérateur

Cuisson
5 minutes

Ingrédients pour 4 personnes
20 cl de crème liquide
30 g de sucre cassonade
2 cuillerées à soupe de crème de marrons
4 cuillerées à café de Nutella®
1 feuille de gélatine

/ Faites ramollir la gélatine dans un bol d'eau froide (pendant 10 minutes environ).
/ Dans une casserole faites chauffer sur feu doux, la crème liquide avec la crème de marrons et la cassonade pendant 3 à 4 minutes.
/ Ajoutez la gélatine essorée dans la préparation bien chaude et mélangez jusqu'à complète dissolution.
/ Répartissez la panna cotta dans 4 cuillères de présentation. Ajoutez au centre 1 cuillerée à café de Nutella® et laissez refroidir.
/ Filmez les cuillères et réservez 2 heures au frais.

Bon à savoir !
Remplacez le Nutella® par l'équivalent de caramel au beurre salé ou de compote de pommes ou de poires. Vous pouvez inverser la recette : panna cotta au Nutella® et cœur de crème de marrons. La gélatine peut être remplacée par 2 g d'agar-agar (1 cuillerée à café rase) mélangé à la crème liquide froide avant de la faire chauffer.

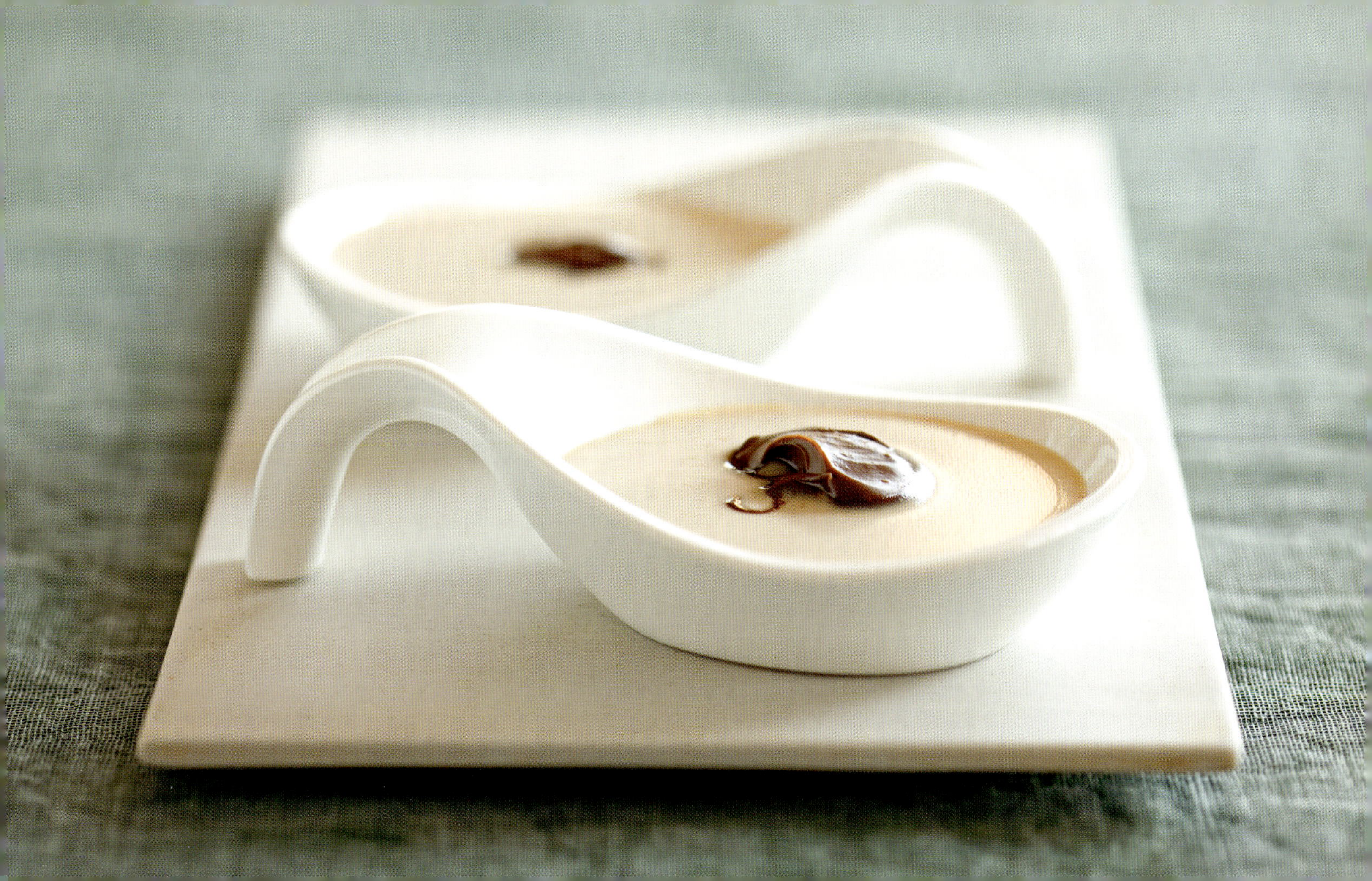

Crème au caramel, crème au sarrasin et pommes poêlées

Préparation
30 minutes
+ 2 heures au réfrigérateur

Cuisson
20 minutes

Ingrédients pour 4 personnes
1 grosse pomme à cuire
20 g de sucre semoule
30 g de beurre demi-sel

Pour la crème au caramel :
25 cl de lait bio
80 g de caramel au beurre salé (en pot ou en bonbons)
1 jaune d'œuf
20 g de sucre cassonade
10 g de farine de sarrasin (ou autre farine de votre choix)

Pour la crème au sarrasin :
25 cl de lait bio
30 g de farine de sarrasin
20 g de sucre cassonade

/ Réalisez la crème au caramel : dans un saladier, fouettez vivement le jaune d'œuf avec la cassonade jusqu'à ce que le mélange blanchisse. Incorporez la farine.
/ Dans une casserole, faites bouillir le lait avec le caramel au beurre salé en remuant avec une spatule. Versez la préparation bien chaude dans le saladier et mélangez énergiquement.
/ Transvasez le tout dans la casserole et faites cuire, sur feu moyen, 8 minutes environ jusqu'à ce que la crème épaississe, en remuant au fouet.
/ Répartissez la crème au caramel dans 4 ramequins et laissez refroidir.
/ Réalisez la crème au sarrasin : dans une casserole, mélangez le lait avec la cassonade et la farine. Portez doucement à ébullition et remuez jusqu'à épaississement. Ôtez la casserole du feu.
/ Versez la crème au sarrasin sur la crème au caramel et laissez refroidir. Filmez et réservez 2 heures au frais.
/ Épluchez la pomme et coupez-la en petits dés. Faites-les caraméliser, dans une poêle, avec le beurre fondu et le sucre.
/ Au moment de servir, éparpillez quelques dés de pomme dans les ramequins.

Bon à savoir !
Vous pouvez remplacer le caramel par 2 cuillerées à café de liqueur de café ou 1 gousse de vanille.

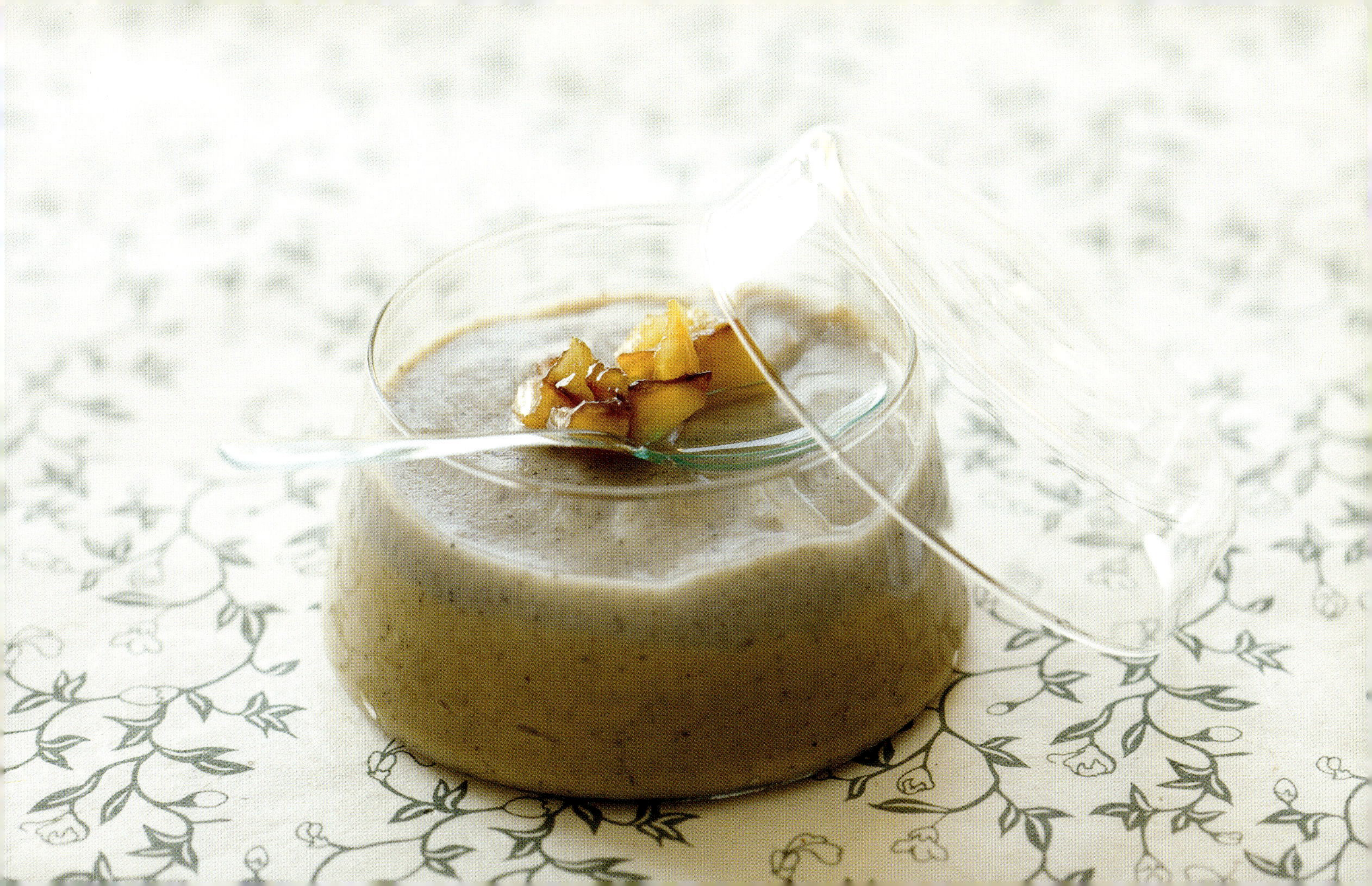

Panna cotta à la pistache, fraises Tagada® et crêpe croustillante

Préparation
15 minutes
+ 2 h 30 au réfrigérateur

Cuisson
7 minutes

Ingrédients pour 4 personnes
30 cl de crème liquide
120 g de pistaches non salées, hachées
50 g de sucre cassonade
12 fraises Tagada®
2 crêpes nature
1 ½ feuille de gélatine

/ Faites ramollir la gélatine dans un bol d'eau froide (pendant 10 minutes environ).
/ Dans une casserole faites chauffer, sur feu doux, la crème liquide avec les pistaches hachées et la cassonade (sans porter à ébullition).
/ Hors du feu, ajoutez la gélatine essorée dans la crème bien chaude et mélangez jusqu'à complète dissolution.
/ Répartissez la panna cotta dans 4 petits ramequins et ajoutez 3 fraises Tagada® dans chacun. Laissez refroidir. Filmez les ramequins et réservez-les 2 h 30 au frais.
/ Dans une poêle, sans matière grasse, faites chauffer les crêpes à feu doux pour les sécher et les rendre croustillantes. Cassez-les en morceaux.
/ Au moment de servir, piquez quelques morceaux de crêpe sur chaque panna cotta.

Bon à savoir !
Vous pouvez remplacer les crêpes par des morceaux de cookies ou de sablés et les bonbons par des framboises ou des fraises fraîches.
La gélatine peut être remplacée par 2 g d'agar-agar (1 cuillerée à café rase) mélangé à la crème liquide froide avant de la faire chauffer.

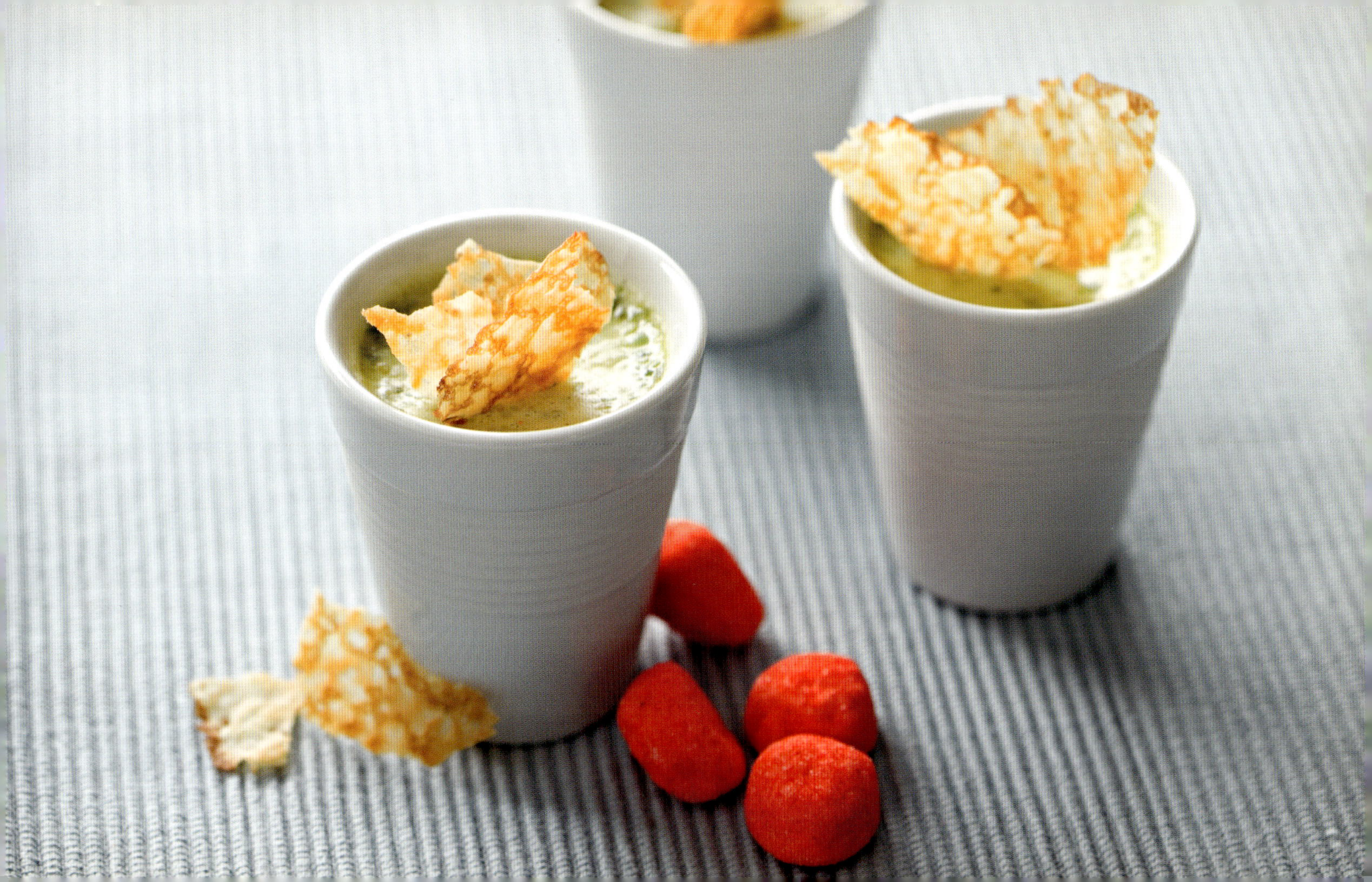

Panna cotta romarin-abricots secs

Préparation
10 minutes
+ 2 heures au réfrigérateur

Cuisson
5 minutes

Ingrédients pour 4 personnes
15 cl de lait de soja
15 cl de crème liquide
50 g de sucre semoule
6 abricots secs
10 g de romarin + quelques brins pour la déco
1 feuille de gélatine

/ Faites ramollir la gélatine dans un bol d'eau froide (pendant 10 minutes environ).
/ Dans une casserole faites chauffer, sur feu doux, le lait et la crème liquide avec le sucre et le romarin.
/ Lorsque le mélange est bien chaud, ajoutez la gélatine essorée et remuez jusqu'à complète dissolution.
/ Coupez les abricots secs en petits morceaux. Réservez-en quelques-uns pour la déco et mélangez le reste à la préparation.
/ Répartissez la panna cotta dans 4 moules et laissez refroidir. Filmez et réservez 2 heures au frais.
/ Au moment de servir, démoulez les crèmes et décorez de morceaux d'abricot et de brins de romarin.

Bon à savoir !
Le romarin peut être remplacé par de la lavande ou du thym, c'est également délicieux.
Pour faciliter le démoulage, passez l'intérieur de vos moules, sous l'eau froide puis égouttez-les sommairement sans les essuyer ; si la forme de vos moules est complexe, chemisez-les de film alimentaire. Ajoutez ½ feuille de gélatine si vous souhaitez une consistance plus ferme.

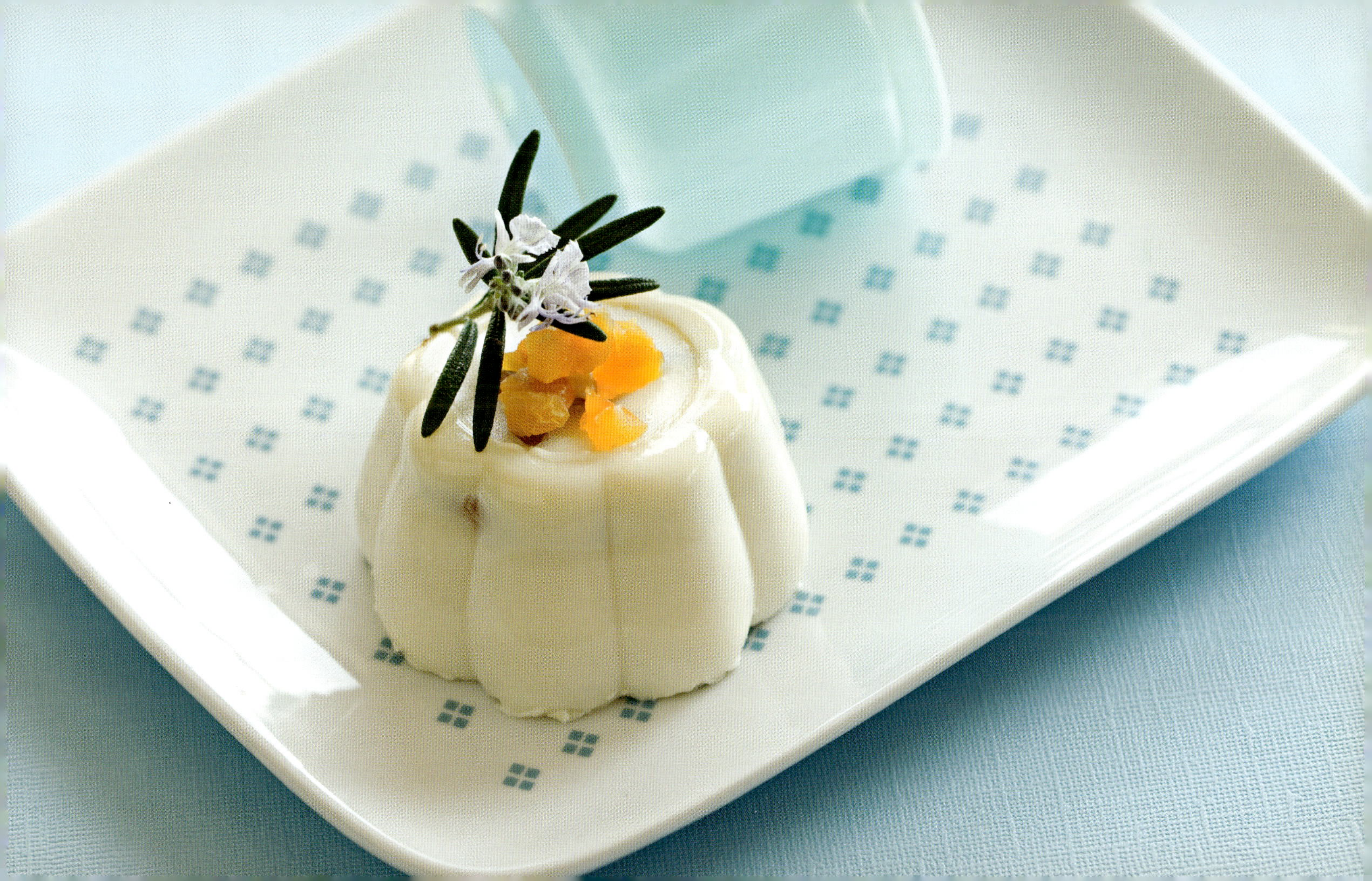

Panna cotta light aux fruits de la passion et purée de kiwis

Préparation
15 minutes
+ 2 h 30 au réfrigérateur

Cuisson
7 minutes

Ingrédients pour 4 personnes
20 cl de lait de vache
ou de brebis
2 fruits de la passion
3 kiwis
2 yaourts nature
2 cuillerées à soupe de sucre semoule
50 g de sucre cassonade
3 cuillerées à soupe de graines de sésame
2 feuilles de gélatine

/ Faites ramollir la gélatine dans un bol d'eau froide (pendant 10 minutes environ).
/ Coupez les fruits de la passion en deux. Récupérez la pulpe à l'aide d'une petite cuillère.
/ Dans un saladier, mélangez les yaourts avec la pulpe des fruits de la passion et la cassonade.
/ Faites chauffer le lait à feu doux. Ajoutez la gélatine essorée dans le lait bien chaud et mélangez jusqu'à complète dissolution. Versez la préparation dans le saladier et mélangez le tout.
/ Répartissez la panna cotta dans 4 verrines et laissez refroidir. Filmez et réservez 2 heures 30 au frais.
/ Épluchez les kiwis, coupez-les en morceaux et mixez-les avec le sucre semoule.
/ Faites griller les graines de sésame dans une poêle sans matière grasse (attention, ça saute !).
/ Au moment de servir, versez la purée de kiwis sur les crèmes et décorez de graines de sésame.

Bon à savoir !
Vous pouvez remplacer les graines de sésame par des fruits secs et les kiwis par de la pastèque ou du melon jaune.

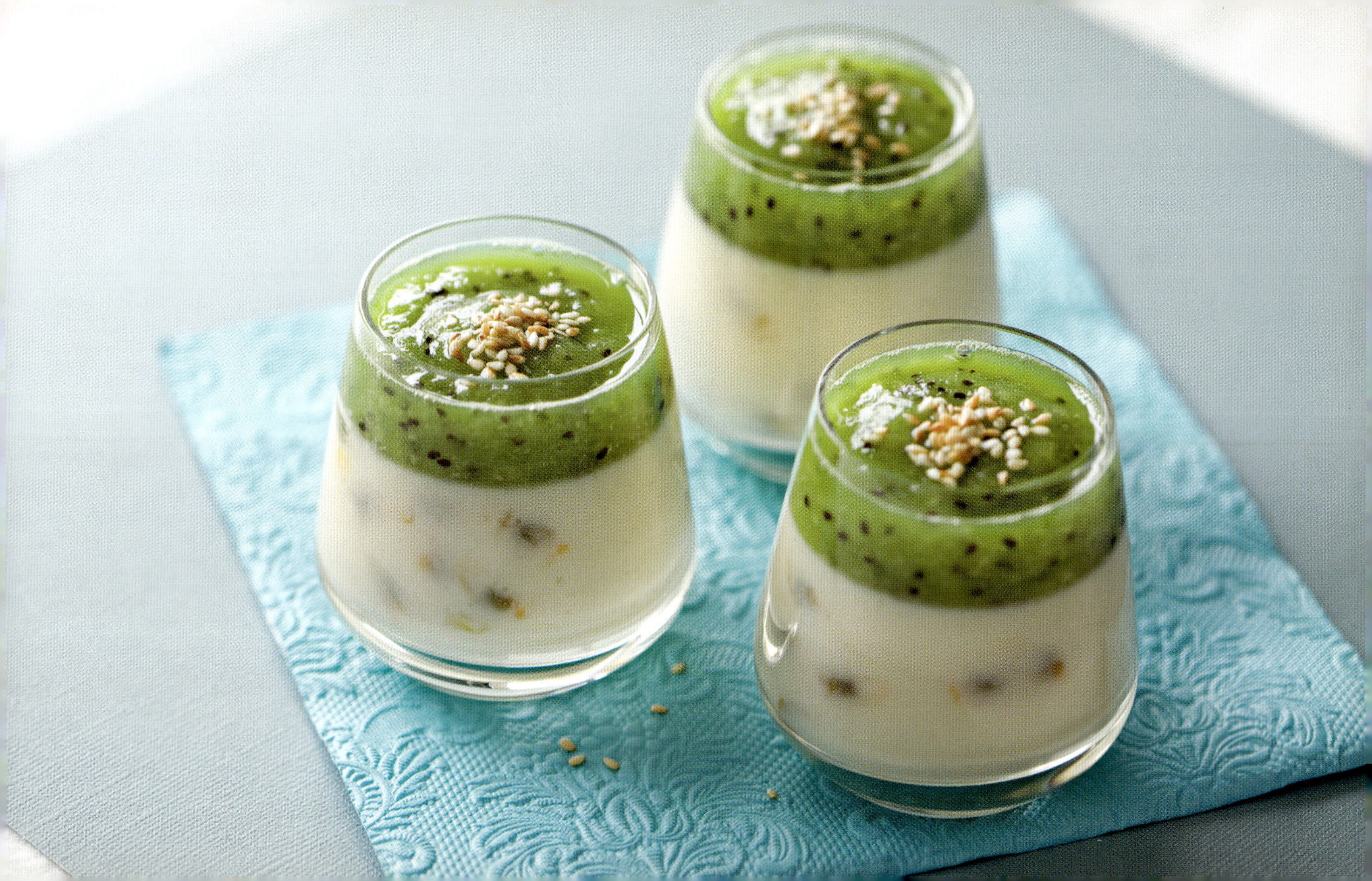

Crème façon piña colada

Préparation
20 minutes
+ 2 heures au réfrigérateur

Cuisson
10 minutes

Ingrédients pour 4 personnes
20 cl de lait bio
20 cl de lait de coco
150 g de chair d'ananas frais
2 jaunes d'œufs
30 g de sucre semoule
20 g de Maïzena®
3 cuillerées à soupe de noix
de coco râpée
2 cuillerées à soupe de Malibu®

Pour la déco :
2 cuillerées à soupe de sucre coloré

/ Coupez la chair de l'ananas en morceaux. Mixez-les en purée avec le Malibu®.
/ Dans un saladier, fouettez vivement les jaunes d'œufs avec le sucre jusqu'à ce que le mélange blanchisse.
/ Dans une casserole, portez à ébullition le lait avec la Maïzena®, le lait de coco et la noix de coco râpée. Versez le mélange chaud dans le saladier et incorporez-le aux œufs.
/ Transvasez la préparation dans la casserole et faites cuire, sur feu doux, 3 minutes environ jusqu'à ce que la crème épaississe, en mélangeant au fouet.
/ Hors du feu, ajoutez la purée d'ananas et mélangez le tout.
/ Mouillez le contour de 8 mini-verres dans un bol d'eau puis placez-les dans une petite assiette contenant le sucre coloré et tournez-les sur eux-même.
/ Versez la crème dans les verres et laissez refroidir. Filmez et réservez 2 heures au frais.

Bon à savoir !
Vous pouvez remplacer le Malibu® par du rhum et l'ananas par des fruits de la passion, du melon ou de la pêche.
Pour ne pas avoir de grumeaux, diluez d'abord la Maïzena® dans une petite quantité de lait froid.

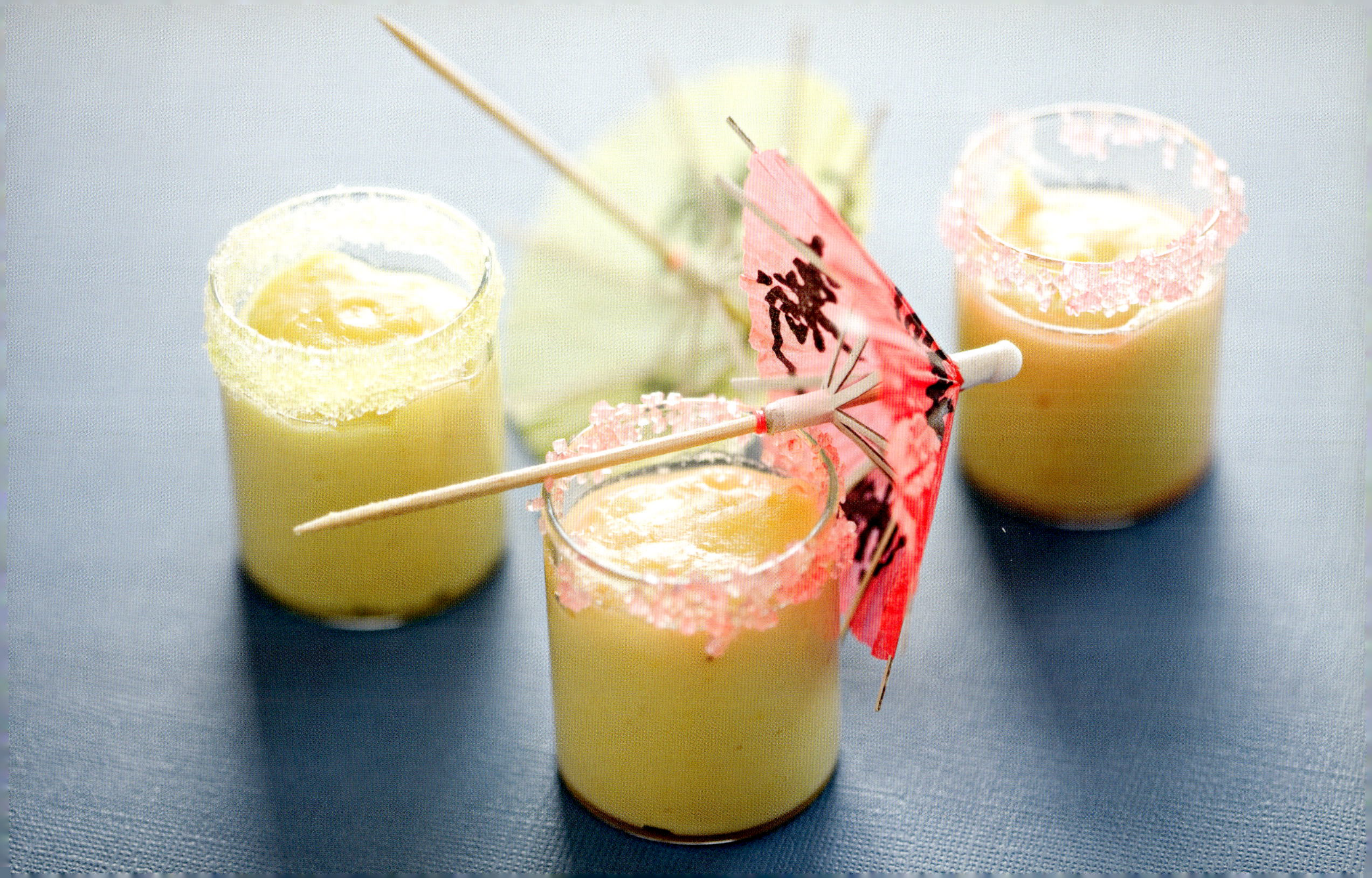

Crème au citron, miel et gingembre

Préparation
15 minutes
+ 2 heures au réfrigérateur

Cuisson
5 minutes

Ingrédients pour 4 personnes
2 jaunes d'œufs
50 g de sucre semoule
30 g de Maïzena®
4 citrons jaunes non traités
80 g de beurre demi-sel
20 g de racine de gingembre
30 g de miel liquide

Pour la déco :
20 g de gingembre confit coupé en allumettes
2 cuillerées à soupe de sucre coloré

/ Pressez les citrons pour recueillir 25 cl de jus. Prélevez le zeste de ½ citron.

/ Épluchez la racine de gingembre et coupez-la en morceaux. Mettez ceux-ci dans une casserole avec 10 cl d'eau. Ajoutez la moitié des zestes de citron et portez à ébullition. Ôtez la casserole du feu et laissez infuser jusqu'à refroidissement. Filtrez le liquide.

/ Dans un saladier, fouettez vivement les jaunes d'œufs avec le sucre jusqu'à ce que le mélange blanchisse. Ajoutez la Maïzena®, le reste de zestes, le jus des citrons, le miel et l'infusion au gingembre. Mélangez le tout.

/ Transvasez la préparation dans une casserole et faites cuire, sur feu doux, 5 minutes environ jusqu'à ce que la crème devienne onctueuse et épaisse, en mélangeant au fouet.

/ Hors du feu, ajoutez le beurre coupé en morceaux et mélangez.

/ Répartissez la crème au citron dans 4 ramequins et laissez refroidir. Filmez et réservez 2 heures au frais.

/ Au moment de servir, saupoudrez de sucre coloré et décorez d'allumettes de gingembre confit.

Bon à savoir !
Vous pouvez réaliser cette recette avec tous les agrumes de votre choix. Voici une base de crème (sans le gingembre ni le miel) idéale pour garnir un fond de pâte sablée et confectionner ainsi une délicieuse tarte au citron. Vous pouvez remplacer la Maïzena® par de la farine (le temps de cuisson sera doublé).
Cette crème peut être préparée la veille et conservée au réfrigérateur.

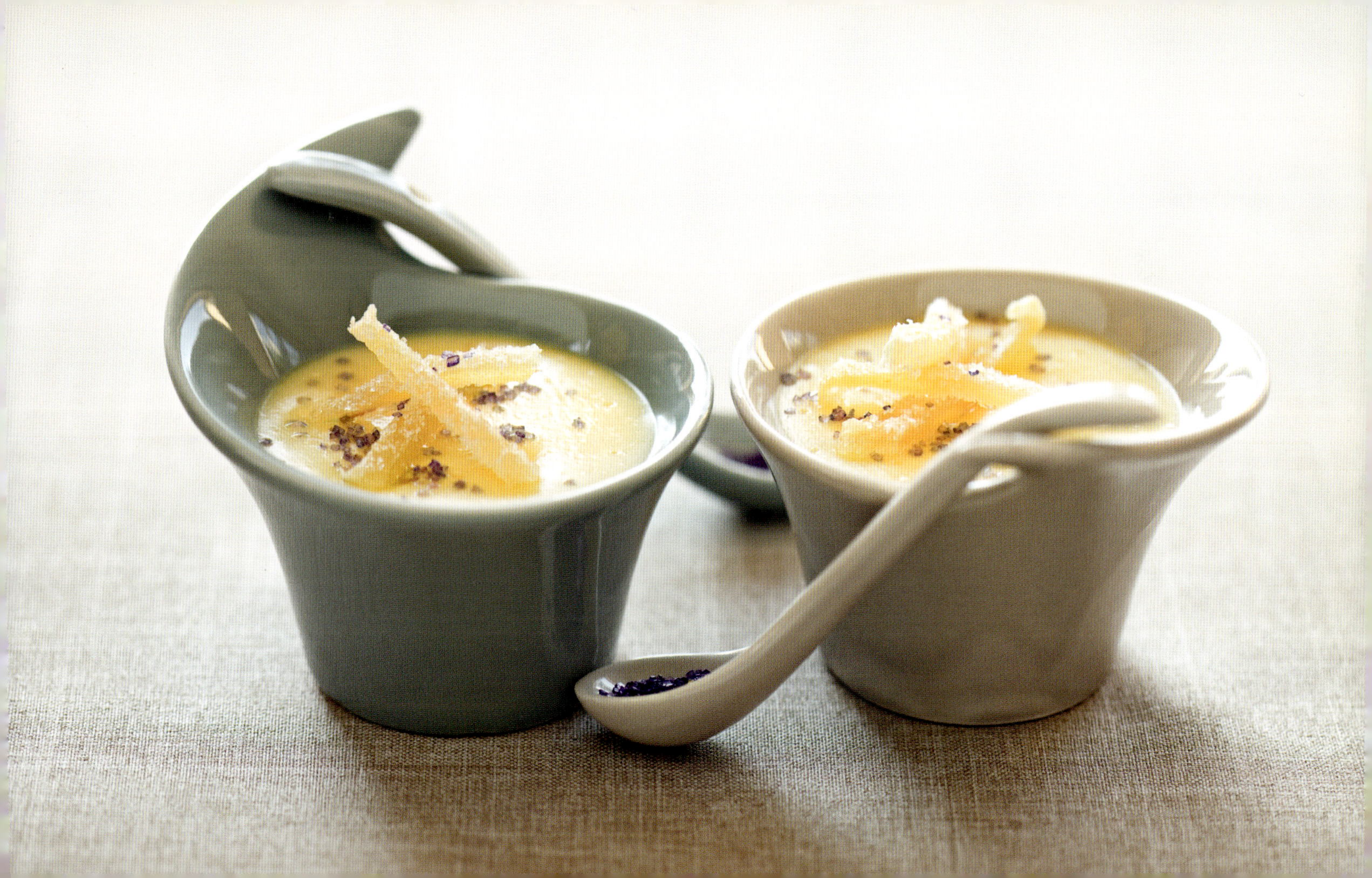

Panna cotta façon bûche de Noël

Préparation
15 minutes
+ 4 heures au réfrigérateur

Cuisson
10 minutes

Ingrédients pour 4 personnes
50 cl de crème liquide
100 g de chocolat noir
3 cuillerées à soupe de cannelle en poudre
100 g de sucre cassonade
4 tranches de pain d'épices
2 ½ feuilles de gélatine

Pour la déco :
Bâtonnets de cannelle
Vermicelles de sucre coloré

/ Faites ramollir la gélatine dans un bol d'eau froide (pendant 10 minutes environ).
/ Dans une casserole faites chauffer, sur feu doux, la crème liquide avec le chocolat cassé en morceaux, la cassonade et la cannelle (sans porter à ébullition).
/ Lorsque le chocolat est fondu, ajoutez la gélatine essorée et mélangez jusqu'à complète dissolution.
/ Laissez légèrement refroidir la préparation puis versez-la dans un moule à cake chemisé de film alimentaire.
/ Coupez les tranches de pain d'épices et posez-les délicatement côte à côte sur le dessus de la panna cotta.
/ Refermez le moule de film alimentaire et réservez 4 heures au frais.
/ Au moment de servir, démoulez la bûche en la retournant sur un plat (retirez le film alimentaire). Décorez de bâtonnets de cannelle et de vermicelles de sucre coloré.

Bon à savoir !
N'hésitez pas à jouer avec vos envies du moment et réalisez ainsi des bûches de Noël parfumées à la vanille, au caramel, à la pistache, avec divers fruits poêlés. Remplacez le pain d'épices par des spéculos ou des sablés maison.
Cette bûche peut être préparée la veille et conservée au réfrigérateur.

Panna cotta au Bailey's® et dattes

Préparation
15 minutes
+ 2 heures au réfrigérateur

Cuisson
5 minutes

Ingrédients pour 4 personnes
30 cl de crème liquide
(ou crème fleurette)
50 g de sucre semoule
12 dattes
2 cuillerées à soupe de Bailey's®
1 feuille de gélatine

/ Faites ramollir la gélatine dans un bol d'eau froide (pendant 10 minutes environ).
/ Dans une casserole faites chauffer, sur feu doux, la crème liquide avec le Bailey's® et le sucre (sans porter à ébullition).
/ Hors du feu, ajoutez la gélatine essorée et mélangez jusqu'à complète dissolution.
/ Dénoyautez et coupez les dattes en morceaux. Ajoutez-en la moitié à la préparation.
/ Répartissez la panna cotta dans 4 moules et laissez refroidir. Filmez et réservez 2 heures au frais.
/ Au moment de servir, démoulez les crèmes et décorez de morceaux de dattes restants.

Bon à savoir !
Vous pouvez remplacer le Bailey's® par du rhum brun et les dattes par d'autres fruits secs comme l'abricot. Pour une recette sans alcool, parfumez la crème d'1 gousse de vanille, de 3 gousses de cardamome, d'1 fève tonka ou d'1 anis étoilé. Ajoutez ½ feuille de gélatine si vous souhaitez une consistance plus ferme. La gélatine peut être remplacée par 2 g d'agar-agar (1 cuillerée à café rase) mélangé à la crème liquide froide avant de faire chauffer.

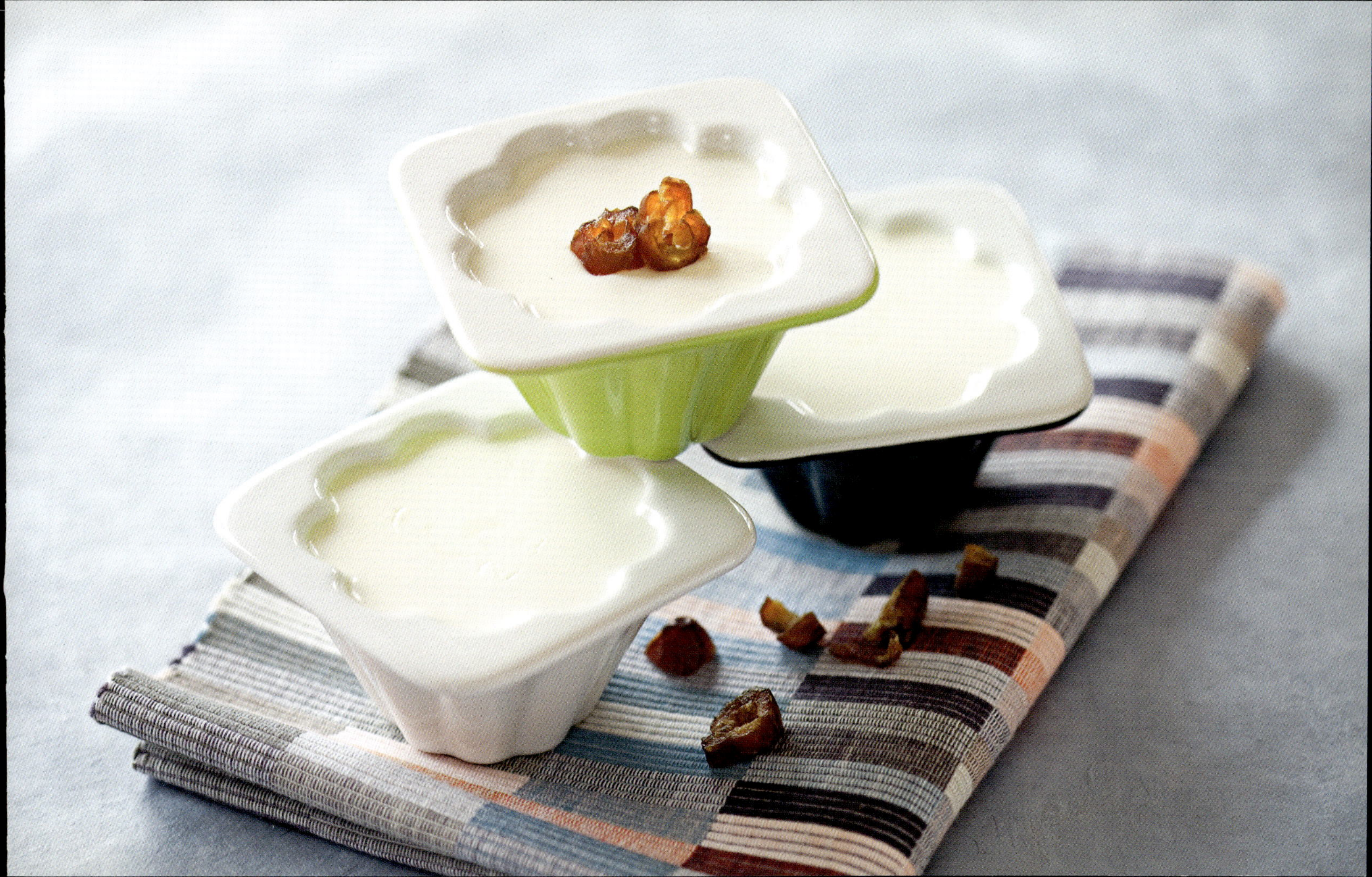

Remerciements

Ce livre est né d'un déjeuner à *La Table de Jeanne*, à Vannes, où je me suis régalée d'une panna cotta au lait de coco et minestrone d'ananas… Mmm !
Un grand merci à Jean-Marc Lucas, The Chef, de ce super-restaurant. Merci pour sa recette !
Merci à Barbara et Adèle, des éditions Mango, toujours aussi optimistes lorsque je propose des sujets de livre… Merci les filles !
Merci à Mathon et Agnès Bianco, pour les verrines et autres géniaux accessoires de cuisine, gentiment offerts.
Merci à mes « Onafaim ! » pour leurs remarques, leurs commentaires et les dégustations, à chaque goûter.
Merci à Nathalie et Ève pour leur aide en cuisine.
Et, comme d'habitude, un grand merci à Gwenaël pour ses photos et nos fous rires…

Shopping :
- www.habitat.fr
- www.lescouleursdutemps.fr
- www.fly.fr
- www.legrandcomptoir.com
- www.monoprix.fr
- www.mathon.fr